Brot
& Brötchen

Knusprig-frisch aus
Backofen oder Brotbackautomat

Brot
& Brötchen

Autorin: Kristiane Müller-Urban
Rezeptfotos: Studio L'EVEQUE

Inhalt

Helle Brote

Mild und bekömmlich

Leicht und locker mit zarter Krume und einem verführerischen Duft kommt das selbst gebackene Brot aus dem Ofen. Ein hausgemachtes Brot aus frisch gemahlenem Getreide schmeckt gut und ist gesund. Nüsse und Samen sorgen immer wieder für Abwechslung. Entdecken Sie, wie gut sich neben Weizenmehl auch Hafermehl, Dinkelmehl und Grünkernschrot, Grieß, Kichererbsen- und Buchweizenmehl zum Backen eignen.

Toastbrot

Für 1 Kastenform von 30 cm Länge (18 Scheiben)
1 Würfel Hefe (42 g), 1 TL Zucker
500 ml lauwarme Milch
1 kg Weizenmehl (Type 405)
40 g weiche Butter, 3 TL Salz
1 Eigelb
Mehl zum Arbeiten, Fett für die Form

1. Die Hefe zerbröckeln, mit Zucker und 250 ml lauwarmer Milch glatt rühren. Zugedeckt 10 Min. ruhen lassen. Dann das Mehl in eine Schüssel sieben. Mit der Hefemilch, der restlichen Milch, Butter und Salz 10 Min. kneten. Bei Bedarf noch etwas Mehl hinzufügen. Die Schüssel mit Mehl ausstreuen. Den Teig zur Kugel formen und in der Schüssel zugedeckt an einem warmen Ort 50 Min. gehen lassen.

2. Die Backform fetten. Den Teig kurz durchkneten, in die Form setzen und zugedeckt an einem warmen Ort 30 Min. gehen lassen. Den Backofen vorheizen. Die Teigoberfläche längs etwa 1 cm tief einschneiden. Das Eigelb mit wenig Wasser verrühren und die Oberfläche damit bestreichen. Im Ofen bei 190° (unten, Umluft 170°) 60–70 Min. backen.

Zubereitung: 20 Min.	Ruhezeit: 1 Std. 30 Min.
Backzeit: 1 Std. 10 Min.	Pro Scheibe ca.: 230 kcal

Sonntagsbrot

Für 1 ovale Brotbackform von 32 cm Länge (14 Scheiben)
600 g Weizenmehl (Type 550)
1 Päckchen Trockenhefe, 1 TL Zucker
100 ml lauwarme Milch
2 Eier + 1 Eigelb
125 g weiche Butter, 1 EL Salz
Mehl zum Arbeiten, Fett für die Form

1. Das Mehl in eine Schüssel sieben, Trockenhefe und Zucker untermischen. 100 ml lauwarmes Wasser mit der Milch mischen und – bis auf 50 ml – unterkneten. Zugedeckt an einem warmen Ort 15 Min. ruhen lassen. Anschließend Eier und Eigelb verquirlen, mit Butter und Salz zum Vorteig geben und 10 Min. kneten. Bei Bedarf noch etwas Mehl oder Flüssigkeit hinzufügen. Die Schüssel mit Mehl ausstreuen. Den Teig zur Kugel formen und in der Schüssel zugedeckt an einem warmen Ort 1 Std. gehen lassen.

2. Die Backform fetten. Den Teig kurz durchkneten, in die Form setzen und zugedeckt an einem warmen Ort 30 Min. gehen lassen. Den Backofen vorheizen. Das Brot im Ofen bei 190° (unten, Umluft 170°) 45–55 Min. backen.

Zubereitung: 20 Min.	Ruhezeit: 1 Std. 45 Min.
Backzeit: 55 Min.	Pro Scheibe ca.: 240 kcal

Erdnusskranz

Für 1 Brotkranz (16 Scheiben)
500 g Weizenmehl (Type 550)
1 Päckchen Trockenhefe, 1 TL Zucker
300 ml lauwarmer Ayran (ersatzweise Buttermilch)
2 EL Apfelessig, 1 TL Salz, 2 EL Öl
5 EL Erdnussbutter, 1 Eigelb
4 EL gehackte gesalzene Erdnüsse zum Bestreuen
Mehl zum Arbeiten, Backpapier

1. Das Mehl mit Trockenhefe, Zucker, Ayran, Essig, Salz und Öl 10 Min. kneten. Bei Bedarf noch etwas Mehl zugeben. Die Schüssel mit Mehl ausstreuen. Den Teig zur Kugel formen und in der Schüssel zugedeckt an einem warmen Ort 1 Std. gehen lassen.

2. Ein Backblech mit Backpapier belegen. Den Teig kurz durchkneten. Auf bemehlter Arbeitsfläche oder zwischen Frischhaltefolie zu einem 15 x 35 cm großen Rechteck ausrollen. Mit Erdnussbutter bestreichen und längs aufrollen. Auf dem Blech zu einem Kranz formen. Zugedeckt noch 30 Min. gehen lassen. Den Backofen vorheizen. Eigelb mit wenig Wasser verquirlen, den Kranz damit bestreichen und mit Erdnüssen bestreuen. Im Ofen bei 200° (Mitte, Umluft 180°) 25–35 Min. backen.

Zubereitung: 35 Min.	Ruhezeit: 1 Std. 30 Min.
Backzeit: 35 Min.	Pro Scheibe ca.: 170 kcal

Mohnzopf

Für 1 Zopf (16 Scheiben)
150 g Magerquark
4 EL Öl, 1 TL Salz
1/2 TL Zucker
3 Eier
400 g Weizenmehl (Type 1050)
1 Päckchen Backpulver
2 EL Mohnsamen zum Bestreuen
Mehl zum Arbeiten, Fett fürs Blech

1. Den Quark in einem Tuch leicht ausdrücken und mit Öl, Salz und Zucker verrühren. 1 Ei trennen. Das Eigelb beiseite stellen. Das Eiweiß und 2 Eier in den Quark rühren. Mit Mehl und Backpulver zu einem glatten Teig verkneten.

2. Den Backofen vorheizen. Ein Backblech fetten. Den Teig in 3 Portionen teilen und auf bemehlter Arbeitsfläche zu 3 Strängen von etwa 35 cm Länge rollen. Diese zu einem Zopf flechten und aufs Blech legen. Das Eigelb mit wenig Wasser verrühren und den Zopf damit bestreichen. Mit Mohn bestreuen. Den Zopf im Ofen bei 200° (Mitte, Umluft 180°) 30–35 Min. backen.

Zubereitung: 20 Min.	
Backzeit: 35 Min.	Pro Scheibe ca.: 135 kcal

Für 1 längliches Brot (16 Scheiben)
30 g getrocknete Steinpilze
150 g Haselnusskerne
250 g Weizenmehl (Type 550)
250 g Weizenmehl (Type 1050)
15 g Sauerteigpulver
1 Päckchen Trockenhefe
1 TL Zucker
1 EL Salz
1 EL Öl
2 EL frische Thymianblättchen
1 Eigelb
Mehl zum Arbeiten
Fett fürs Blech

Tipp

Statt der getrockneten Steinpilze können Sie für dieses Brot auch andere getrocknete Pilze wie Herbsttrompeten, Pfifferlinge oder eine Pilzmischung verwenden.

Steinpilz-Haselnuss-Brot

1. Die Hälfte der Steinpilze in 300 ml heißem Wasser mindestens 30 Min. einweichen. Die Haselnüsse in einer Pfanne ohne Fett leicht rösten. Zwischen einem Geschirrtuch hin und her rollen, um einen Großteil der braunen Haut zu entfernen. Die Nüsse grob hacken.

2. Die andere Hälfte der Steinpilze im Blitzhacker zerkleinern. Mit den beiden Mehlsorten, Sauerteigpulver, Trockenhefe, Zucker und Salz mischen. Die eingeweichten Pilze abgießen. Das Einweichwasser dabei auffangen und mit Öl und etwa 200 ml lauwarmem Wasser auf 350 ml auffüllen. Mit dem Mehl 10 Min. kneten. Bei Bedarf noch etwas Mehl zum Teig geben. Die Schüssel mit Mehl ausstreuen. Den Teig zur Kugel formen und in der Schüssel zugedeckt an einem warmen Ort 1 Std. gehen lassen.

3. Ein Backblech fetten. Die eingeweichten Steinpilze ausdrücken und hacken. Mit den gehackten Nüssen und der Hälfte der Thymianblättchen rasch unter den Teig kneten. Diesen zu einem länglichen Laib formen und aufs Blech setzen. Zugedeckt an einem warmen Ort noch 30 Min. gehen lassen.

4. Den Backofen vorheizen. Das Eigelb mit wenig Wasser verrühren und den Brotlaib damit bestreichen. Die Teigoberfläche dreimal schräg etwa 1 cm tief einschneiden und mit den restlichen Thymianblättchen bestreuen. Im Ofen bei 220° (Mitte, Umluft 200°) 10 Min. backen. Die Temperatur auf 200° (Umluft 180°) verringern und das Brot in 35–40 Min. fertig backen.

Varianten

Sie können das Weizenmehl (Type 1050) auch durch die gleiche Menge Roggenmehl (Type 815), Roggenvollkornmehl oder Weizenvollkornmehl ersetzen. Dann müssen Sie jedoch etwas mehr Flüssigkeit verwenden.
Statt mit Thymian können Sie das Brot auch mit 1 TL gemahlenem Schabzigerklee (aus Reformhaus oder Bioladen) würzen.
Die Haselnüsse können sehr gut durch die gleiche Menge Walnüsse ersetzt werden. Die Walnüsse müssen weder geröstet noch enthäutet werden.

◷ Zubereitung: 30 Min.	◷ Ruhezeit: 1 Std. 30 Min.
◷ Backzeit: 50 Min.	Pro Scheibe ca.: 180 kcal

Quark-Tomaten-Brot

Für 1 längliches Brot (18 Scheiben)
1 Würfel Hefe (42 g)
1 TL Zucker
125 g Quark (20 % Fett)
500 g Weizenmehl (Type 1050)
125 g Grünkernschrot
3 TL Salz
125 ml lauwarmer Tomatensaft
4 EL Öl
1 Eigelb
1 EL frische Rosmarinnadeln zum Bestreuen
Mehl zum Arbeiten
Fett fürs Blech

1. Die Hefe zerbröckeln und mit dem Zucker und 100 ml lauwarmem Wasser glatt rühren. Zugedeckt 15 Min. ruhen lassen. Den Quark in einem Tuch leicht ausdrücken und abtropfen lassen.

2. Das Mehl mit Grünkernschrot und Salz mischen. Mit dem Hefewasser, 100 ml lauwarmem Wasser, Tomatensaft, Quark und Öl 10 Min. kneten. Bei Bedarf noch etwas Mehl zugeben. Die Schüssel mit Mehl ausstreuen. Den Teig zur Kugel formen und in der Schüssel zugedeckt an einem warmen Ort 1 Std. gehen lassen.

3. Ein Backblech fetten. Den Teig kurz durchkneten, zu einem länglichen Laib formen und aufs Blech setzen. Zugedeckt an einem warmen Ort noch 30 Min. gehen lassen.

4. Den Backofen vorheizen. Das Eigelb mit wenig Wasser verrühren und den Brotlaib damit bestreichen. Die Oberfläche mit einem Messer einmal längs etwa 1 cm tief einschneiden und mit den Rosmarinnadeln bestreuen. Das Brot im Ofen bei 200° (Mitte, Umluft 180°) 50–60 Min. backen.

Zubereitung: 20 Min.	Ruhezeit: 1 Std. 45 Min.
Backzeit: 1 Std.	Pro Scheibe ca.: 150 kcal

Leinsamenbrot

Für 1 Kastenform von 30 cm Länge (18 Scheiben)
250 g Roggenbackschrot (Type 1800)
1 Würfel Hefe (42 g)
1 TL Zucker
1 Beutel flüssiger Natursauerteig (150 g)
500 g Weizenmehl (Type 550)
3 TL Salz
1 EL Zuckercouleur (ersatzweise Rübensirup)
2 EL Öl
150 g lauwarme Buttermilch
50 g Leinsamen
1 Eiweiß
Mehl zum Arbeiten
Fett für die Form

1. Das Backschrot nach und nach mit 250 ml kochendem Wasser verrühren. Den gebrühten, krümeligen Teig auf Zimmertemperatur abkühlen lassen. Die Hefe zerbröckeln, mit Zucker und 100 ml lauwarmem Wasser glatt rühren. Zugedeckt 15 Min. ruhen lassen. Den Sauerteig im Beutel 15 Min. in warmes Wasser legen.

2. Den Sauerteig mit Mehl, Salz, Zuckercouleur, Öl, Buttermilch und Hefewasser zum gebrühten Teig geben. Alle Zutaten 10 Min. kneten. Bei Bedarf noch etwas Mehl hinzufügen. Die Schüssel mit Mehl ausstreuen. Den Teig zur Kugel formen und in der Schüssel in einer Plastiktüte an einem warmen Ort 2 Std. gehen lassen.

3. Die Backform fetten. Den Teig mit etwa zwei Drittel der Leinsamen verkneten und in die Form setzen. Die Oberfläche glatt streichen. Zugedeckt an einem warmen Ort noch 1 Std. gehen lassen.

4. Den Backofen vorheizen. Das Eiweiß leicht schlagen. Die Brotoberfläche längs etwa 1 cm tief einschneiden, mit etwas Eiweiß bestreichen und mit dem restlichen Leinsamen bestreuen. Im Ofen bei 200° (unten, Umluft 180°) 50–60 Min. backen.

Zubereitung: 35 Min.	Ruhezeit: 2 Std. 15 Min.
Backzeit: 1 Std.	Pro Scheibe ca.: 185 kcal

Für 1 längliches Brot (18 Scheiben)
250 g geschrotete Weizenkörner
250 g fein gemahlene Weizenkörner
250 g Hafergrütze
15 g Sauerteigpulver
1 Päckchen Trockenhefe
2 EL flüssiger Honig
2 EL Rübensirup
1 EL Salz
4 EL Öl
100 g weiche getrocknete Apfelringe
125 g Walnusskerne
100 g Cheddar (englischer Schnittkäse)
1 TL getrockneter Majoran
1 Eigelb
3 EL kernige Haferflocken zum Bestreuen
Mehl zum Arbeiten
Fett fürs Blech

Tipps

Die meisten Trockenfrüchte sind weich und müssen vor der Verwendung nicht unbedingt eingeweicht oder gekocht werden. Sollten die Apfelringe hart sein, empfiehlt es sich, die Ringe einige Stunden in lauwarmem Wasser oder Apfelsaft einzuweichen. Anschließend gut ausdrücken und klein schneiden.
Keine Möglichkeit, den Weizen zu mahlen? Dann verwenden Sie für dieses Brot 250 g Weizenvollkornmehl bzw. Weizenbackschrot (Type 1700) und 250 g Weizenmehl (Type 1050).

Nussiges Apfel-Brot

1. Den geschroteten Weizen nach und nach mit 200 ml kochendem Wasser verrühren. Den gebrühten, krümeligen Teig auf Zimmertemperatur abkühlen lassen. Dann mit dem fein gemahlenen Weizen und der Hafergrütze mischen.

2. Das Sauerteigpulver, Trockenhefe, Honig, Rübensirup, Salz und 2 EL Öl zur Mehlmischung geben und alle Zutaten 10 Min. kneten. So viel lauwarmes Wasser – bis zu 150 ml – hinzufügen, bis der Teig kein Wasser mehr aufnimmt. Bei Bedarf noch etwas Mehl unterkneten.

3. Die Schüssel mit 1 EL Öl auspinseln. Den Teig zur Kugel formen, in die Schüssel legen und die Teigoberfläche ebenfalls mit Öl bestreichen. Den Teig in der Schüssel in einer Plastiktüte an einem warmen Ort 6 Std. gehen lassen.

4. Ein Backblech fetten. Die Apfelringe in etwa 1 cm große Stücke schneiden. Die Walnüsse grob hacken. Den Käse raspeln. Mit den Apfelstücken, Walnüssen und Majoran mischen und rasch unter den Teig kneten. Einen länglichen Laib formen und aufs Blech setzen. Zugedeckt an einem warmen Ort noch 2 Std. gehen lassen.

5. Den Backofen vorheizen. Das Brot dreimal quer einschneiden. Das Eigelb mit wenig Wasser verrühren. Das Brot damit bestreichen und mit Haferflocken bestreuen. Im Ofen bei 250° (Mitte, Umluft 220°) 10 Min. backen. Die Temperatur auf 200° (Umluft 180°) verringern und das Brot in 45–50 Min. fertig backen.

Varianten

Sie können die geschroteten Weizenkörner auch durch geschroteten Grünkern oder Dinkel ersetzen.
Die getrockneten Apfelringe können durch kernlose Backpflaumen, weiche getrocknete Feigen oder Datteln ersetzt werden. Diese nur grob würfeln und nach dem letzten Aufgehen des Teigs rasch unterkneten. Wenn Sie andere Trockenfrüchte als die Apfelringe verwenden, ersetzen Sie den Majoran durch eine Prise Zimt oder Spekulatiusgewürz.

Zubereitung: 35 Min.	Ruhezeit: 8 Std.
Backzeit: 1 Std.	Pro Scheibe ca.: 265 kcal

Cranberry-Brot

Für 1 rundes Brot (14 Scheiben)
125 g getrocknete Cranberries
100 ml Preiselbeersaft (ersatzweise Apfelsaft)
150 g Pecannusskerne (ersatzweise Walnusskerne)
300 g Weizenmehl (Type 1050)
200 g Buchweizenmehl
1 EL Salz, 1 TL Zucker
10 g Sauerteigpulver
1 Päckchen Trockenhefe
250 ml lauwarme Molke
1 TL Speisestärke
Buchweizenmehl zum Arbeiten
Fett fürs Blech

Hinweis

Buchweizenmehl, Molke und Preiselbeersaft erhalten Sie in Reformhäusern und gut sortierten Bioläden. Getrocknete Cranberries (Preiselbeeren ähnliche, große rote Beeren) gibt's im Reformhaus und im Supermarkt im Regal mit Nussmischungen und Trockenfrüchten.

1. Die getrockneten Cranberries im Preiselbeersaft einmal aufkochen und abkühlen lassen oder einige Stunden im zimmerwarmen Saft einweichen. Die Nüsse mittelfein hacken, 2–3 EL zum Bestreuen beiseite legen.

2. Die beiden Mehlsorten mit den Pecannüssen, Salz, Zucker, Sauerteig und Trockenhefe mischen. Die Molke hinzufügen und alle Zutaten 10 Min. kneten. Bei Bedarf noch etwas Mehl unterkneten. Die Schüssel mit Mehl ausstreuen. Den Teig zur Kugel formen und in der Schüssel zugedeckt an einem warmen Ort 2 Std. gehen lassen.

3. Ein Backblech fetten. Die gut abgetropften Cranberries und die Nüsse rasch unter den Teig kneten. Aus dem Teig einen runden Laib formen und aufs Blech setzen. Zugedeckt an einem warmen Ort noch 30 Min. gehen lassen.

4. Den Backofen vorheizen. Das Brot bei 200° (Mitte, Umluft 180°) 35–45 Min. backen.

5. 200 ml Wasser zum Kochen bringen. Die Speisestärke mit etwas kaltem Wasser glatt rühren, ins kochende Wasser einrühren und einmal aufkochen lassen. Das Brot noch heiß mit dem Stärkewasser bestreichen und mit den zurückgelegten Nüssen bestreuen.

Variante

Dieses milde Brot können Sie auch mit Backferment und Weizenbackschrot zubereiten. Dafür **am Vortag** 1 leicht gehäuften TL Grundansatz Backferment (10 g, Fertigprodukt) mit 300 ml lauwarmem Wasser verrühren und 300 g Weizenbackschrot (Type 1700) einrühren. 1 gehäuften TL Backferment (3 g, Granulat) in wenig Wasser glatt rühren und gut mit dem Teig verkneten. In einer Schüssel in einer Plastiktüte 12–20 Std. gären lassen (siehe Seite 28).
Am Backtag das Buchweizenmehl, Salz, Zucker und außerdem so viel lauwarme Molke dazugeben, wie der Teig aufnimmt. Den weichen Teig mit den Cranberries und den Nüssen gut kneten und in der Schüssel in einer Plastiktüte an einem warmen Ort 2 Std. gehen lassen. Den weichen Teig am besten in einer gefetteten Kastenform von 25–30 cm Länge wie oben beschrieben backen. Noch heiß mit Stärkewasser bestreichen und mit Nüssen bestreuen.

Zubereitung: 35 Min.	Ruhezeit: 2 Std. 30 Min.
Backzeit: 45 Min.	Pro Scheibe ca.: 230 kcal

Hirtenbrot

Für 1 Rehrückenform von 30 cm Länge (16 Scheiben)
1 Würfel Hefe (42 g)
1/2 TL Honig
250 g Weizenmehl (Type 550)
50 g Hartweizengrieß
8 EL Olivenöl, 1 TL Salz
200 g Frühstücksspeck (Bacon)
1 Zwiebel
125 g Feta
40 g ungesalzene Pistazienkerne
75 g Rosinen
6 Pfefferkörner
1 EL flüssige Butter
1 TL gerebelter Oregano zum Bestreuen
Mehl zum Arbeiten
Fett für die Form

1. Die Hefe zerbröckeln, mit Honig und 125 ml lauwarmem Wasser glatt rühren. 15 Min. zugedeckt ruhen lassen. Mehl und Grieß mischen, mit Hefewasser, Öl und Salz 10 Min. kneten. Bei Bedarf noch etwas Mehl zum Teig geben. Die Schüssel mit Mehl ausstreuen. Den Teig zur Kugel formen und in der Schüssel zugedeckt an einem warmen Ort 1 Std. gehen lassen.

2. Den Speck in feine Streifen schneiden. Die Zwiebel abziehen und fein würfeln. Zuerst den Speck in einer Pfanne knusprig braten, auf Küchenpapier entfetten. Die Zwiebelwürfel im Speckfett weich schmoren. Den Feta zerbröckeln. Die Pistazien mittelfein hacken. Die Rosinen heiß abbrausen, gut abtropfen lassen. Die Pfefferkörner im Mörser fein zerstoßen. Speck, Zwiebeln, Feta, Rosinen, Pistazien und Pfeffer mischen.

3. Die Backform fetten. Die Speck-Käse-Mischung rasch unter den Teig kneten. Diesen in die Form setzen und zugedeckt an einem warmen Ort noch 30 Min. gehen lassen.

4. Den Backofen vorheizen. Das Brot im Ofen bei 200° (Mitte, Umluft 180°) 45–55 Min. backen. Das Brot stürzen, noch heiß mit Butter bestreichen und mit Oregano bestreuen.

◷ Zubereitung: 40 Min.	◷ Ruhezeit: 1 Std. 45 Min.
◷ Backzeit: 55 Min.	Pro Scheibe ca.: 230 kcal

Zwiebel-Curry-Brot

Für 1 längliches Brot (16 Scheiben)
200 g Zwiebeln
1 EL Butter, 2 EL Öl
1 EL Kreuzkümmel
1 TL Currypulver
100 g Kichererbsen (aus der Dose)
400 g Weizenmehl (Type 1050)
100 g Kichererbsenmehl
15 g Sauerteigpulver
1 Päckchen Trockenhefe
1 TL Zucker
350 g lauwarmer Kefir
1 EL Salz
2 EL Apfelessig
1 kleines Eiweiß
1 EL Koriandersamen
Mehl zum Arbeiten
Butter fürs Blech

1. Die Zwiebeln abziehen und fein würfeln. Butter und 1 EL Öl erhitzen. Die Zwiebeln darin glasig dünsten. Mit Kreuzkümmel bestreuen und auf Zimmertemperatur abkühlen lassen. Currypulver unterrühren.

2. Die Kichererbsen hacken, mit den Zwiebeln mischen. Beide Mehlsorten, Sauerteigpulver, Trockenhefe und Zucker mischen. Mit Kefir, 1 EL Öl, Salz und Apfelessig 10 Min. kneten. Bei Bedarf noch Mehl zugeben. Die Schüssel mit Mehl ausstreuen. Den Teig zur Kugel formen und in der Schüssel zugedeckt an einem warmen Ort 1 Std. gehen lassen.

3. Ein Backblech fetten. Die Zwiebel-Mischung rasch unter den Teig kneten. Diesen zu einem länglichen Laib formen und aufs Blech setzen. Zugedeckt an einem warmen Ort 45 Min. gehen lassen.

4. Den Backofen vorheizen. Das Brot einmal längs einschneiden. Das Eiweiß mit 2 EL kaltem Wasser verrühren, das Brot damit bestreichen und mit den Koriandersamen bestreuen. Im Ofen bei 190° (Mitte, Umluft 170°) 45–55 Min. backen.

◷ Zubereitung: 40 Min.	◷ Ruhezeit: 1 Std. 45 Min.
◷ Backzeit: 55 Min.	Pro Scheibe ca.: 140 kcal

Soja-Pistazien-Brot

Für 1 ovale Brotbackform von 32 cm Länge (14 Scheiben)
1 Würfel Hefe (42 g)
1 TL Zucker
40 g ungesalzene Pistazienkerne
500 g Weizenmehl (Type 550)
100 g Sojamehl
1 EL Salz
2 EL Koriandersamen
1 EL gemahlener Koriander
1 TL süße Sojasauce (ersatzweise Rübensirup)
3 EL Reisessig (ersatzweise Apfelessig)
4 EL geschälte Sesamsaat
Fett für die Form

1. Die Hefe zerbröckeln, mit Zucker und 100 ml lauwarmem Wasser glatt rühren. 15 Min. zugedeckt ruhen lassen.

2. Die Pistazien hacken. Die beiden Mehlsorten, Salz, Koriandersamen und Koriander mischen. Hefewasser, 400 ml lauwarmes Wasser, Sojasauce und Reisessig mit einem Holzlöffel gut unterrühren. Den Teig zugedeckt an einem warmen Ort 30 Min. gehen lassen.

3. Die Backform fetten und mit Sesam ausstreuen. Den Teig noch einmal gründlich schlagen und in die Form geben. Zugedeckt an einem warmen Ort noch 1 Std. gehen lassen.

4. Den Backofen vorheizen. Das Brot im Ofen bei 200° (unten, Umluft 180°) 40–50 Min. backen.

Zubereitung: 30 Min.	Ruhezeit: 1 Std. 45 Min.
Backzeit: 50 Min.	Pro Scheibe ca.: 185 kcal

Kräuterschneckenbrot

Für 1 Springform von 26 cm Ø (14 Stück)
1/2 Würfel Hefe (21 g)
1/2 TL Zucker
800 g Weizenmehl (Type 1050)
3 TL Salz
1 Zwiebel
1 Knoblauchzehe
1 EL Öl
30 g Salami
3 EL Pesto
3 EL gehackte Kräuter (z.B. Petersilie, Thymian, Oregano, Salbei, Estragon, Sauerampfer)
1 TL Olivenöl
1 Prise Kräutersalz
1 Eigelb
1 TL Kräuter der Provence zum Bestreuen
Mehl zum Arbeiten
Fett für die Form

1. Die Hefe zerbröckeln, mit Zucker und 180 ml lauwarmem Wasser verrühren. Zugedeckt 15 Min. ruhen lassen. Dann das Mehl mit Salz, Hefewasser und 200 ml lauwarmem Wasser 10 Min. kneten. Bei Bedarf noch etwas Mehl hinzufügen. Die Schüssel mit Mehl ausstreuen. Den Teig zur Kugel formen und zugedeckt an einem warmen Ort 45 Min. gehen lassen.

2. Zwiebel und Knoblauch abziehen, fein hacken und in 1 EL heißem Öl weich dünsten. Die Salami in feine Würfel schneiden und mit Zwiebel, Knoblauch, Pesto und gehackten Kräutern mischen. Mit etwas Olivenöl und Kräutersalz abschmecken.

3. Die Backform fetten. Den Teig kurz durchkneten, auf bemehlter Arbeitsfläche etwa 1 cm dick ausrollen. Mit der Kräutermischung bestreichen, aufrollen und in 12 Stücke schneiden. Mit der Schnittfläche nach unten, nebeneinander in die Form setzen. Zugedeckt noch 45 Min. gehen lassen.

4. Den Backofen vorheizen. Eigelb und etwas Wasser verrühren, den Teig damit bestreichen und mit Kräutern der Provence bestreuen. Das Brot im Ofen bei 180° (unten, Umluft 160°) 35–45 Min. backen.

Zubereitung: 40 Min.	Ruhezeit: 1 Std. 45 Min.
Backzeit: 45 Min.	Pro Scheibe ca.: 230 kcal

Für 1 rundes Brot (22 Scheiben)
Am Vortag:
300 g Sauerteig vom Bäcker
600 g Weizenmehl (Type 550)
400 g Roggenmehl (Type 997)
2 EL Salz
50 g Bäckerhefe oder 1 Würfel Hefe (42 g)
1 TL Zucker
2 TL Öl
Am Backtag:
1 TL Speisestärke
Mehl zum Arbeiten
Fett fürs Blech

Hinweis

Fragen Sie Ihren Bäcker nach Sauerteig und Bäckerhefe. Möglicherweise müssen Sie beides vorbestellen, da viele Backstuben morgens schließen. Weitere Tipps zum Sauerteig finden Sie auf Seite 134.

Tipp

Wenn der Teig zu weich ist, empfiehlt es sich, vor dem letzten Gehen einen Tortenring oder den Ring einer Springform um den Teig zu legen. Den Ring etwa 15 Min. vor Ende der Backzeit entfernen. Oder Sie backen dieses Brot in einer großen runden Brotbackform.

Weizenmischbrot

1. Am Vortag den Sauerteig rechtzeitig aus dem Kühlschrank nehmen, damit er bis zur Verwendung Zimmertemperatur erreicht.

2. Beide Mehlsorten und Salz mischen. Nach und nach 400 ml kochendes Wasser unter Rühren – am besten mit einem Holzlöffelstiel oder einer Gabel – angießen. Das gebrühte, krümelige Mehl auf Zimmertemperatur abkühlen lassen.

3. Die Hefe zerbröckeln, mit Zucker und 100 ml lauwarmem Wasser glatt rühren. 15 Min. zugedeckt ruhen lassen.

4. Den Sauerteig mit dem gebrühten Mehl verkneten. Das Hefewasser dazugießen und den Teig mindestens 10 Min. kneten. Falls der Teig klebt, noch etwas Mehl hinzufügen. Ist er zu trocken, noch etwas lauwarmes Wasser zufügen. Die Schüssel dünn mit Öl fetten. Den Teig zur Kugel formen, in die Schüssel legen und die Oberfläche dünn mit Öl bestreichen. Den Teig in der Schüssel in einer Plastiktüte 12 Std. bei Zimmertemperatur, aber nicht zu warm, gehen lassen.

5. Am Backtag den Teig erneut 10 Min. kneten. Dabei noch so viel Weizen- oder Roggenmehl hinzufügen, dass der Teig kaum klebt, sondern weich und leicht formbar ist. Die Schüssel wieder fetten, den Teig zur Kugel formen. Den Teig mit etwas Öl bestreichen und zugedeckt an einem warmen Ort noch 1 Std. gehen lassen.

6. Ein Backblech fetten. Den Teig kurz durchkneten, zu einem runden Laib formen und aufs Blech setzen. Einen Torten- oder Springformrand um den Teig legen und den Teig zugedeckt an einem warmen Ort noch 1 Std. gehen lassen.

7. Den Backofen vorheizen. Die Teigoberfläche mit feuchten Händen glätten. Das Brot im Ofen bei 250° (Mitte, Umluft 230°) 10 Min. backen. Etwa 40 ml Wasser aufs Blech gießen und verdampfen lassen. Die Temperatur auf 200° (Umluft 180°) verringern und das Brot in 50–55 Min. fertig backen.

8. Am Ende der Backzeit 200 ml Wasser zum Kochen bringen. Die Speisestärke mit etwas kaltem Wasser glatt rühren, ins kochende Wasser einrühren und einmal aufkochen lassen. Das noch heiße Brot mit etwas Stärkewasser bestreichen, damit es einen schönen Glanz bekommt.

Varianten

Dieses milde Brot lässt sich vielfältig abwandeln: Kneten Sie 2 EL Kümmel, Brotgewürz, Fenchelsamen oder Anis unter den Teig. Oder bestreuen Sie die mit Stärkewasser bestrichene Oberfläche mit reichlich Kümmel oder einem anderen Gewürz.
Wenn das Brot kerniger werden soll, ersetzen Sie etwa 150 g Mehl durch Roggen- oder Weizenbackschrot oder eine geschrotete Mehrkornmischung.

Zubereitung: 40 Min.	Ruhezeit: 12 Std. + 3 Std.
Backzeit: 1 Std. 5 Min.	Pro Scheibe ca.: 185 kcal

Für 2 längliche Brote
(à 12 Scheiben)
1 Würfel Hefe (42 g)
1 TL Zucker
50 g Butter
125 g Hafergrütze
125 g blütenzarte Haferflocken
375 g Weizenmehl (Type 550)
1 EL Salz
1 EL Brotgewürz
250 ml lauwarme Milch
1 Eiweiß
6 EL kernige Haferflocken zum Bestreuen
Mehl zum Arbeiten
Fett fürs Blech

Haferbrot

1. Die Hefe zerbröckeln, mit Zucker und 100 ml lauwarmem Wasser glatt rühren. 15 Min. zugedeckt ruhen lassen. Die Butter zerlassen.

2. Die Hafergrütze mit den blütenzarten Haferflocken, Mehl, Salz und Brotgewürz mischen. Mit Hefewasser, lauwarmer Milch und Butter 10 Min. kneten. Bei Bedarf noch etwas Mehl hinzufügen. Die Schüssel mit Mehl ausstreuen. Den Teig zur Kugel formen und in der Schüssel zugedeckt an einem warmen Ort 45 Min. gehen lassen.

3. Ein Backblech fetten. Den Teig kurz durchkneten, zu zwei etwa 30 cm langen Broten formen und aufs Blech setzen. Zugedeckt an einem warmen Ort noch 30 Min. gehen lassen.

4. Den Backofen vorheizen. Das Eiweiß mit etwas kaltem Wasser verrühren und die Brote damit bestreichen. Die Brote mehrmals schräg einschneiden und mit den kernigen Haferflocken bestreuen. Im Ofen bei 200° (Mitte, Umluft 180°) 30–35 Min. backen.

⏲ Zubereitung: 30 Min.	⏲ Ruhezeit: 1 Std. 30 Min.
⏲ Backzeit: 35 Min.	Pro Scheibe ca.: 125 kcal

Für 1 rundes Brot (22 Scheiben)
200 g Sauerteig vom Bäcker
500 g mehlig kochende Kartoffeln
40 g Bäckerhefe oder 1 Würfel Hefe (42 g)
1 TL Zucker
300 g Weizenmehl (Type 550)
200 g Roggenbackschrot (Type 1800), 3 TL Salz
50 g Leinsamen
1 TL gemahlener Kümmel
2 EL Roggenbackschrot
Mehl zum Arbeiten
Fett fürs Blech

Kartoffelbrot

1. Den Sauerteig vom Bäcker rechtzeitig aus dem Kühlschrank nehmen, damit er bis zur Verwendung Zimmertemperatur erreicht. Die Kartoffeln ungeschält in 25 Min. weich kochen, pellen und zerstampfen. Die heiße Kartoffelmasse gut ausdampfen lassen. Die Hefe zerbröckeln, mit dem Zucker und 125 ml lauwarmem Wasser glatt rühren. Zugedeckt 15 Min. ruhen lassen.

2. Die beiden Mehlsorten mit dem zimmerwarmen Kartoffelmus, Salz, Leinsamen und Kümmel sowie dem zimmerwarmen Sauerteig mischen. Mit dem Hefewasser und 125 ml lauwarmem Wasser 10 Min. kneten. Bei Bedarf noch etwas Mehl zum Teig geben. Den Teig zur Kugel formen und in der Schüssel in einer Plastiktüte an einem warmen Ort 3 Std. gehen lassen.

3. Ein Backblech fetten. Den Teig kurz durchkneten, zu einem runden Laib formen und aufs Blech setzen. Zugedeckt an einem warmen Ort noch 1 Std. gehen lassen.

4. Den Backofen vorheizen. Das Brot mit etwas lauwarmem Wasser glätten, kreuzweise einschneiden und mit Roggenbackschrot bestreuen. Im Ofen bei 250° (unten, Umluft 230°) 10 Min. backen. Die Temperatur auf 200° (Umluft 180°) verringern und das Brot in 45–55 Min. fertig backen.

⏲ Zubereitung: 45 Min.	⏲ Ruhezeit: 4 Std. 15 Min.
⏲ Backzeit: 1 Std. 5 Min.	Pro Scheibe ca.: 120 kcal

Tipp

Für eine krachende Kruste die Oberfläche etwa 10 Min. vor Ende der Backzeit mit kaltem Salzwasser bestreichen. Diesen Vorgang nach Ende der Backzeit noch einmal wiederholen.

Dinkel-Apfel-Brot

Für 1 Kastenform von 24 cm Länge (12 Scheiben)

125 g getrocknete Apfelringe
3/4 Würfel Hefe (30 g)
1 TL Zucker
250 ml lauwarmer Apfelwein (ersatzweise Wasser)
400 g Dinkelmehl (Type 630)
100 g Grünkernschrot
1 Msp. Zimt
1 EL Salz
2 EL Öl
2 EL Apfelessig
40 g gehackte Mandeln
1 Eigelb
1 TL Majoran zum Bestreuen
Mehl zum Arbeiten
Fett für die Form

1. Die Apfelringe klein schneiden. Die Hefe zerbröckeln, mit dem Zucker und ein wenig lauwarmem Apfelwein glatt rühren. Mehl und Schrot mischen, mit einem Löffel eine Mulde formen. Das Hefewasser hineingießen, mit wenig Mehl zu einem Vorteig verrühren. Zugedeckt an einem warmen Ort 10 Min. ruhen lassen.

2. Den restlichen Apfelwein mit Zimt, Salz, Öl und Apfelessig hinzufügen und 10 Min. kneten. Bei Bedarf noch etwas Mehl hinzufügen. Die Schüssel mit Mehl ausstreuen. Den Teig zur Kugel formen und in der Schüssel zugedeckt an einem warmen Ort 1 Std. gehen lassen.

3. Die Backform fetten. Die Apfelstücke und die Mandeln rasch unter den Teig kneten und in die Form setzen. Zugedeckt an einem warmen Ort 45 Min. gehen lassen.

4. Den Backofen vorheizen. Das Eigelb mit wenig Wasser verrühren. Den Teig damit bestreichen und mit Majoran bestreuen. Das Brot im Ofen bei 200° (Mitte, Umluft 180°) 40–50 Min. backen.

Zubereitung: 35 Min.	Ruhezeit: 1 Std. 55 Min.
Backzeit: 50 Min.	Pro Scheibe ca.: 220 kcal

Grünkernbrot

Für 1 ovale Brotbackform von 32 cm Länge (14 Scheiben)

250 g Weizenmehl (Type 1050)
250 g Grünkernmehl
150 g Grünkernschrot
15 g Sauerteigpulver
1 Päckchen Trockenhefe
1 TL Zucker
1 EL Salz
3 EL Milchpulver (ersatzweise Speisestärke)
1 TL gemahlener Schabzigerklee
2 EL Apfelessig
Mehl zum Arbeiten
Fett und Schrot für die Form

1. Beide Mehlsorten, 150 g Schrot, Sauerteigpulver, Trockenhefe, Zucker und Salz mischen. 400 ml lauwarmes Wasser mit Milchpulver und Schabzigerklee verrühren. Unter Rühren zum Mehl geben. Mit dem Essig 10 Min. kneten. Bei Bedarf noch etwas Mehl hinzufügen. Die Schüssel mit Mehl ausstreuen. Den Teig zur Kugel formen, in der Schüssel zugedeckt an einem warmen Ort 1 Std. gehen lassen.

2. Die Backform fetten und mit Grünkernschrot ausstreuen. Den Backofen vorheizen. Den Teig kurz durchkneten und in die Form geben. Zugedeckt an einem warmen Ort noch 45 Min. gehen lassen. Das Brot im Ofen bei 200° (unten, Umluft 180°) 45–55 Min. backen.

Info

Milchpulver macht die Brotkrume besonders fein. Es kann durch die gleiche Menge Speisestärke ersetzt werden.

Zubereitung: 30 Min.	Ruhezeit: 1 Std. 45 Min.
Backzeit: 55 Min.	Pro Scheibe ca.: 170 kcal

Für 1 längliches Brot (22 Scheiben)
Am Vortag:
1 leicht geh. TL Backferment (3 g)
1 geh. TL Grundansatz (10 g)
300 g Weizenvollkornschrot
Am Backtag:
700 g Weizenvollkornmehl
2 EL Salz
2 EL Brotgewürz
4 EL Rübensirup
2 EL Öl
2 EL Weizenvollkornschrot zum Bestreuen
Mehl zum Arbeiten
Fett fürs Blech

Tipps

Teige mit Backferment müssen von Anfang an bei etwa 28°–30° ruhen. Das geht am besten im Winter auf oder an einer Heizung, im Backofen oder unter einer Lampe. Im Fachhandel gibt es spezielle Wärmelampen für den Backofen.
Sie können den Teig in einem großen runden oder länglichen Brotkorb aus Peddigrohr gehen lassen und später aufs Backblech stürzen. Oder Sie verwenden zum Backen eine große runde Brotbackform.

Weizenvollkornbrot

1. Am Vortag das Backferment mit dem Grundansatz und 300 ml lauwarmem Wasser glatt rühren. Das Weizenvollkornschrot einrühren und diesen Vorteig in der Schüssel in einer Plastiktüte an einem warmen Ort 12–20 Std. ruhen lassen.

2. Am Backtag den Vorteig mit Weizenvollkornmehl, Salz, Brotgewürz, Rübensirup, Öl und etwa 450 ml lauwarmem Wasser zu einem nicht zu festen Teig kneten. Bei Bedarf noch etwas Mehl hinzufügen. Den Teig in der Schüssel in einer Plastiktüte an einem warmen Ort 1 Std. gehen lassen.

3. Ein Backblech fetten. Den Teig kurz durchkneten, zu einem länglichen Laib formen und aufs Blech setzen. Zugedeckt an einem warmen Ort noch 1 Std. gehen lassen.

4. Den Backofen vorheizen. Das Brot mit lauwarmem Salzwasser bestreichen und mit Schrot bestreuen. Im Ofen bei 210° (unten, Umluft 190°) 50–60 Min. backen. Das noch heiße Brot sofort nach dem Backen mit etwas Salzwasser bestreichen.

Varianten

Dieses herzhafte Brot erhält durch Zugabe von etwa 200 g Haselnüssen oder gehackten Walnüssen eine neue geschmackliche Note. Statt Brotgewürz können Sie auch Kümmel-, Fenchel-, Anis- und/oder Koriandersamen verwenden.

Zubereitung: 40 Min.	Ruhezeit: 14 Std.
Backzeit: 1 Std.	Pro Scheibe ca.: 160 kcal

Sonnenblumenbrot

Für den Brotbackautomaten
(16 Scheiben)
150 ml Milch
1 TL Salz
1 TL Zucker
1 EL Sonnenblumenöl
1 EL Apfelessig
250 g Weizenmehl (Type 550)
250 g Sechs-Korn-Schrot (ersatzweise Sechs-Korn-Mehl)
15 g Sauerteigpulver
1 Päckchen Trockenhefe
125 g Sonnenblumenkerne
1 Eigelb

1. 200 ml Wasser mit Milch, Salz, Zucker, Öl und Essig in der Backform des Brotbackautomaten mischen. Die beiden Mehlsorten, Sauerteigpulver und Trockenhefe in dieser Reihenfolge hinzufügen. 100 g Sonnenblumenkerne dazugeben.

2. Beim Backautomaten die Einstellung »Weißbrot« wählen und ohne Timer backen. Etwa 15 Min. vor Ende der Backzeit das Eigelb mit wenig Wasser oder Milch verrühren. Das Brot damit bestreichen, mit den übrigen Sonnenblumenkernen bestreuen und fertig backen.

Varianten

Sie können die Sonnenblumenkerne durch Kürbiskerne ersetzen. Wenn Sie Kürbiskernöl statt Sonnenblumenöl verwenden, erhält das Brot eine dunklere Farbe.

Zubereitung: 10 Min.	Einstellung: Weißbrot
kein Timer	Pro Scheibe ca.: 170 kcal

Kefirbrot mit Ebly

Für den Brotbackautomaten
(16 Scheiben)
375 g Kefir
500 g Ebly Zartweizen
2 EL Olivenöl
2 TL Salz
1 TL Anissamen
1 TL Fenchelsamen
1 TL Rosmarinnadeln
200 g Weizenmehl (Type 1050)
100 g Roggenmehl (Type 997)
50 g Weizenbackschrot (Type 1700)
1 TL Zucker
1 Päckchen Trockenhefe
15 g Sauerteigpulver
150 g weiche Feigen
75 g Cashewkerne

1. Den Kefir in der Backform mit dem Zartweizen mischen. Öl, Salz, Anis- und Fenchelsamen hinzufügen. Die Rosmarinnadeln mit einer Schere klein schneiden. Mit den beiden Mehlsorten, Schrot, Zucker, Trockenhefe und Sauerteigpulver in dieser Reihenfolge in die Form geben. Die Feigen zweimal durchschneiden und mit den Cashewkernen über das Mehl streuen.

2. Beim Backautomaten die Einstellung »Weißbrot« wählen und ohne Timer backen. Aus der Form stürzen und auf einem Kuchengitter abkühlen lassen.

Varianten

Für ein besonders würziges Brot können Sie 1 EL im Mörser zerstoßene schwarze Pfefferkörner oder gut abgetropfte grüne Pfefferkörner oder zerstoßene gefriergetrocknete grüne Pfefferkörner oder klein gehackte getrocknete Chilischoten zum Teig geben. Das Brot können Sie mit etwas Sesamöl aus gerösteten Samen aromatisieren.

Zubereitung: 15 Min.	Einstellung: Weißbrot
kein Timer	Pro Scheibe ca.: 185 kcal

Dunkle Brote

Kräftig und nährstoffreich

Brote mit Roggenmehl schmecken besonders würzig. Sie müssen mit flüssigem oder trockenem Sauerteig und Hefe gelockert werden. Freunde kerniger Brote mischen geschrotetes Getreide oder ganze Körner unter den Teig. Herzhafte Brote aus Schrot und Korn sind viele Tage haltbar und schmecken nach ein bis zwei Tagen erst richtig gut. Zuvor ist allerdings Handarbeit angesagt. Die Teige müssen lange geknetet werden, damit die Hefe und der Sauerteig gut arbeiten können und das Brot schön locker aufgeht. Wer einen Brotbackautomaten oder eine leistungsfähige Küchenmaschine besitzt, kann die schweren Teige auch von der Maschine kneten lassen.

Roggenbrot

Für 1 runde Brotbackform von 30 cm Ø (16 Scheiben)
500 g Roggenmehl (Type 1370)
15 g Sauerteigpulver, 1 EL Salz
1 Päckchen Trockenhefe
2 EL Rübensirup, 2 EL Öl
Mehl zum Arbeiten, Fett fürs Blech

1. Das Mehl mit Sauerteigpulver, Salz und Trockenhefe mischen. Mit Rübensirup, Öl und 350 ml lauwarmem Wasser 10 Min. kneten. Klebt der Teig an den Händen, noch etwas Mehl, ist er zu fest, noch etwas lauwarmes Wasser hinzufügen. Die Schüssel mit Mehl ausstreuen. Den Teig zur Kugel formen und zugedeckt in der Schüssel an einem warmen Ort 1 Std. gehen lassen.

2. Die Backform fetten und mit Mehl ausstreuen. Den Teig kurz durchkneten und in die Form setzen. Zugedeckt an einem warmen Ort noch 1 Std. gehen lassen. Den Backofen vorheizen und das Brot bei 200° (Mitte, Umluft 180°) 40–50 Min. backen.

Zubereitung: 30 Min.	Ruhezeit: 2 Std.
Backzeit: 50 Min.	Pro Scheibe ca.: 110 kcal

Roggenmischbrot

Für 1 Kastenform von 30 cm Länge (20 Scheiben)
500 g Roggenmehl (Type 997)
250 g Weizenmehl (Type 1050)
30 g Sauerteigpulver, 3 TL Salz
2 Päckchen Trockenhefe, 1 TL Zucker
2 EL Apfelessig
Mehl zum Arbeiten, Fett für die Form

1. Die beiden Mehlsorten mit Sauerteigpulver, Salz, Trockenhefe und Zucker mischen. Mit Essig und 650 ml lauwarmem Wasser 10 Min. kneten. Bei Bedarf noch etwas Mehl hinzufügen. Die Schüssel mit Mehl ausstreuen. Den Teig zur Kugel formen und zugedeckt in der Schüssel an einem warmen Ort 1 Std. gehen lassen.

2. Die Backform fetten. Den Teig kurz durchkneten und in die Form setzen. Zugedeckt an einem warmen Ort noch 1 Std. gehen lassen. Dann den Backofen vorheizen und das Brot mit etwas lauwarmem Wasser bestreichen und längs einmal einschneiden. Im Ofen bei 200° (unten, Umluft 180°) 55–65 Min. backen.

Zubereitung: 30 Min.	Ruhezeit: 2 Std.
Backzeit: 1 Std. 5 Min.	Pro Scheibe ca.: 120 kcal

Landbrot

Für 1 längliches Brot (20 Scheiben)
1 Beutel flüssiger Natursauerteig (150 g)
650 g Roggenmehl (Type 1370)
250 g Weizenbackschrot (Type 1700) + 2 EL zum Bestreuen
2 Päckchen Trockenhefe, 1 TL Zucker, 3 TL Salz
2 EL Brotgewürz, 50 g Leinsamen
400 g lauwarme Buttermilch, 1 Eiweiß
Mehl zum Arbeiten, Fett fürs Blech

1. Den Sauerteig im Beutel 15 Min. in warmes Wasser legen. Mehl, Schrot, Trockenhefe, Zucker, Salz, Brotgewürz und Leinsamen mischen. Mit dem Sauerteig und der lauwarmen Buttermilch 10 Min. kneten.
Bei Bedarf noch etwas Mehl hinzufügen. Den Teig zur Kugel formen und zugedeckt in einer mit Mehl ausgestreuten Schüssel an einem warmen Ort 1 Std. 30 Min. gehen lassen.

2. Ein Backblech fetten. Den Teig kurz durchkneten, zu einem länglichen Laib formen und aufs Blech setzen. Zugedeckt 1 Std. gehen lassen. Dann den Backofen vorheizen und das Eiweiß mit wenig Wasser verrühren. Das Brot damit bestreichen, zweimal längs einschneiden und mit Schrot bestreuen. Im Ofen bei 210° (unten, Umluft 190°) 45–55 Min. backen.

Zubereitung: 35 Min.	Ruhezeit: 2 Std. 30 Min.
Backzeit: 55 Min.	Pro Scheibe ca.: 190 kcal

Haselnussbrot

Für 1 ovale Brotbackform von 32 cm Länge (14 Scheiben)
300 g Sauerteig vom Bäcker
400 g Roggenbackschrot (Type 1800)
60 g Bäckerhefe oder 1 1/2 Würfel Hefe (60 g)
1 EL Honig
250 g Weizenbackschrot (Type 1700), 3 TL Salz
1 EL Zuckercouleur, 250 g Haselnusskerne
Mehl zum Arbeiten, Fett für die Form

1. **Am Vortag** den Sauerteig rechtzeitig aus dem Kühlschrank nehmen, damit er Zimmertemperatur erreicht. Das Roggenschrot mit 350 ml kochendem Wasser überbrühen. Auf Zimmertemperatur abkühlen lassen und mit dem Sauerteig mischen. In der Schüssel in einer Plastiktüte 12 Std. gehen lassen.

2. **Am Backtag** die Hefe zerbröckeln, mit Honig und 100 ml lauwarmem Wasser glatt rühren. Zugedeckt 15 Min. ruhen lassen. Den angesetzten Sauerteig mit Weizenschrot, Salz, Zuckercouleur und Hefewasser 10 Min. kneten. Zu einer Kugel formen und zugedeckt an einem warmen Ort 2 Std. gehen lassen. Dann die Backform fetten und die Haselnüsse rasch unter den Teig kneten.
In der Form zugedeckt noch 45 Min. gehen lassen. Den Backofen vorheizen und das Brot bei 200° (unten, Umluft 180°) 50–60 Min. backen.

Zubereitung: 35 Min.	Ruhezeit: 12 Std. + 3 Std.
Backzeit: 1 Std.	Pro Scheibe ca.: 315 kcal

Kümmelbrot

Für 1 ovale Brotbackform von 32 cm Länge (14 Scheiben)
1 Würfel Hefe (42 g)
1 TL Zucker
250 g Dinkelmehl (Type 630)
250 g Roggenmehl (Type 815)
250 g Grünkernschrot
15 g Sauerteigpulver
175 ml lauwarmes dunkles Bier (ersatzweise Kefir, Buttermilch oder Joghurt)
50 g weiches Schweineschmalz
1 EL gemahlener Kreuzkümmel
3 EL Kümmel
Mehl zum Arbeiten
Schweineschmalz für die Form

1. Die Hefe zerbröckeln, mit dem Zucker und 300 ml lauwarmem Wasser glatt rühren. 15 Min. zugedeckt ruhen lassen.

2. Die beiden Mehlsorten, Grünkernschrot und Sauerteigpulver mischen. Mit dem Hefewasser, dem lauwarmen Bier, Schmalz und Kreuzkümmel 10 Min. kneten. Bei Bedarf noch etwas Mehl hinzufügen. Die Schüssel mit Mehl ausstreuen. Den Teig zur Kugel formen und in der Schüssel zugedeckt an einem warmen Ort 2 Std. gehen lassen.

3. Die Backform fetten und mit Kümmel ausstreuen. Den Teig kurz durchkneten und in die Form setzen. Zugedeckt an einem warmen Ort noch 1 Std. gehen lassen.

4. Den Backofen vorheizen und das Brot bei 200° (unten, Umluft 180°) 50–60 Min. backen.

Zubereitung: 35 Min.	Ruhezeit: 3 Std. 15 Min.
Backzeit: 1 Std.	Pro Scheibe ca.: 210 kcal

Kürbisbrot

Für 1 rundes Brot (14 Scheiben)
500 g Hokkaido-Kürbis
125 g Kürbiskerne
250 g Roggenmehl (Type 815)
150 g Weizenmehl (Type 550)
150 g Hafergrütze
15 g Sauerteigpulver
2 Päckchen Trockenhefe
1 TL brauner Zucker
1 EL Salz
1 Msp. Zimt
4 EL Kürbiskernöl (ersatzweise Öl)
1 TL frisch gehackter Ingwer
1 TL abgeriebene Zitronenschale
1 Eigelb
Mehl zum Arbeiten
Fett fürs Blech

1. Den Kürbis halbieren und schälen. Fasern und Kerne entfernen. Das Fruchtfleisch in Alufolie wickeln und im Backofen bei 200° (Umluft 180°) etwa 1 Std. garen. Anschließend pürieren und ausdampfen lassen.

2. 4 EL Kürbiskerne beiseite stellen, die übrigen in einer Pfanne ohne Fett leicht rösten, abkühlen lassen. Beide Mehlsorten, Hafergrütze, Sauerteigpulver, Trockenhefe, Zucker, Salz und Zimt mischen. Mit dem Kürbispüree, 300 ml lauwarmem Wasser, Kürbiskernöl, Ingwer und Zitronenschale 10 Min. kneten. Bei Bedarf noch etwas lauwarmes Wasser oder Mehl zugeben. Die Schüssel mit Mehl ausstreuen. Den Teig zur Kugel formen und in der Schüssel zugedeckt an einem warmen Ort 2 Std. gehen lassen.

3. Ein Backblech fetten. Die gerösteten Kürbiskerne rasch unter den Teig kneten, diesen zu einem runden Laib formen und aufs Blech setzen. Zugedeckt an einem warmen Ort noch 1 Std. gehen lassen.

4. Den Backofen vorheizen. Das Eigelb mit wenig Wasser verrühren. Das Brot damit bestreichen und mit den ungerösteten Kürbiskernen bestreuen. Im Ofen bei 200° (Mitte, Umluft 180°) 45–55 Min. backen.

Zubereitung: 50 Min.	Ruhezeit: 3 Std.
Backzeit: 55 Min.	Pro Scheibe ca.: 225 kcal

Kastanienbrot

Für 1 runde Zopfkranzform von 32 cm Ø (24 Scheiben)
75 g getrocknete Apfelringe
100 g getrocknete Cranberries
350 ml Apfelwein (ersatzweise 175 ml Wasser + 175 ml Apfelsaft)
150 g Kastanienmehl (ital. Feinkostladen, ersatzweise Roggenmehl Type 815)
350 g Weizenmehl (Type 405)
15 g Sauerteigpulver
1 Päckchen Trockenhefe
1 TL Zucker, 1 EL Salz
2 EL Apfelessig
2 EL Nussöl (ersatzweise Öl)
1 TL getrockneter Majoran
100 g Haselnusskerne
Mehl zum Arbeiten
Fett für die Form

1. Die Apfelringe vierteln, mit den Cranberries, Apfelwein und 50 ml Wasser erhitzen, aber nicht kochen lassen. Auf Zimmertemperatur abkühlen lassen. Durch ein Sieb abgießen, dabei die Flüssigkeit auffangen.

2. Die beiden Mehlsorten, Sauerteigpulver, Trockenhefe, Zucker und Salz mischen. Mit dem Wein, Essig, Öl und Majoran 10 Min. kneten. Bei Bedarf noch etwas Mehl hinzufügen. Die Schüssel mit Mehl ausstreuen. Den Teig zur Kugel formen, in der Schüssel zugedeckt an einem warmen Ort 1 Std. gehen lassen.

3. Die Backform fetten. Die gequollenen Früchte und die Haselnüsse rasch unter den Teig kneten. Den Teig in die Form setzen und zugedeckt an einem warmen Ort noch 1 Std. gehen lassen.

4. Den Backofen vorheizen. Das Brot im Ofen bei 200° (Mitte, Umluft 180°) 45–55 Min. backen. Den Kranz stürzen und die Oberfläche noch heiß mit etwas kaltem Salzwasser bestreichen.

Zubereitung: 40 Min.	Ruhezeit: 2 Std.
Backzeit: 55 Min.	Pro Scheibe ca.: 125 kcal

Gefülltes Fladenbrot

Für 1 Brotfladen (8 Stück)
Für den Teig:
400 g Roggenmehl (Type 815)
100 g Weizenbackschrot (Type 1700)
15 g Sauerteigpulver
1 Päckchen Trockenhefe
1 TL Zucker, 1 EL Salz
2 EL Apfelessig, 2 EL Öl
Für die Füllung:
200 g Schinkenspeck
200 g rote Zwiebeln
1 EL Butter
8 Walnusskerne
2 EL frisch gehackter Dill
2 Eigelbe
8 große Lorbeerblätter
1 EL rote Pfefferkörner
1 EL Dillsamen
Weizenbackschrot zum Arbeiten
Butter fürs Blech

1. Das Mehl mit Schrot, Sauerteigpulver, Trockenhefe, Zucker und Salz mischen. Mit 375 ml lauwarmem Wasser, Apfelessig und Öl 10 Min. kneten. Die Schüssel mit Schrot ausstreuen. Den Teig zur Kugel formen, in der Schüssel zugedeckt an einem warmen Ort 2 Std. gehen lassen.

2. Ein Backblech fetten und dünn mit Schrot bestreuen. Den Teig kurz durchkneten, halbieren und jede Teighälfte auf der mit Schrot bestreuten Arbeitsfläche zu einem großen runden Fladen ausrollen. Einen Fladen auf das Blech, den zweiten auf Backpapier oder Frischhaltefolie setzen. Zugedeckt noch 1 Std. gehen lassen.

3. Den Schinkenspeck würfeln. Zwiebeln abziehen, würfeln und 2–3 Min. mit dem Speck in Butter dünsten. Die Walnüsse hacken, mit dem Dill zur Speckmischung geben. Vom Herd nehmen.

4. Den Backofen vorheizen. Die Eigelbe mit etwas Wasser verquirlen. Die Füllung auf dem Fladen auf dem Blech verteilen. Einen 1,5 cm breiten Rand lassen und mit Eigelb bestreichen. Den zweiten Teigfladen aufsetzen, am Rand andrücken. Mit Eigelb bestreichen. Mit Lorbeerblättern, Pfefferkörnern und Dillsamen garnieren. Im Ofen bei 210° (Mitte, Umluft 190°) 35–45 Min. backen.

Zubereitung: 45 Min.	Ruhezeit: 3 Std.
Backzeit: 45 Min.	Pro Stück ca.: 420 kcal

Krusti

Für 1 Brotkorb aus Peddingrohr (22 Scheiben)
Am Vortag:
1 leicht geh. TL Backferment (3 g)
1 geh. TL Grundansatz (10 g)
300 g Roggenbackschrot (Type 1800)
Am Backtag:
250 g Roggenmehl (Type 815)
250 g Weizenmehl (Type 550)
250 g Gerstenmehl
2 EL Waldhonig
4 EL Rübensirup
2 EL Kürbiskernöl
2 EL Salz
1 Eigelb
Zum Bestreuen:
1 TL Leinsamen
1 TL geschälte Sesamsaat
1 TL schwarze Sesamsaat
1 EL Kürbiskerne
1 EL Sonnenblumenkerne
1 EL Mohnsamen
Roggenbackschrot zum Arbeiten
Fett fürs Blech

Tipps

Wenn Sie keinen Brotkorb aus Peddigrohr besitzen, können Sie aus dem Teig einen runden oder länglichen Laib formen und diesen auf dem Backblech backen. Setzen Sie einen Tortenring oder den Rand einer Springform darum, diese verhindern, dass der weiche Teig auseinander läuft.

1. Am Vortag das Backferment mit dem Grundansatz und 300 ml lauwarmem Wasser glatt rühren. Das Roggenbackschrot einrühren. Den Vorteig in der Schüssel in einer Plastiktüte 12–20 Std. an einem warmen Ort gehen lassen (s. Seite 28).

2. Am Backtag die drei Mehlsorten zum Vorteig sieben. Waldhonig, Rübensirup, Kürbiskernöl und Salz dazugeben. Nach und nach 450 ml lauwarmes Wasser hinzufügen, dabei den Teig mit den Händen 10 Min. kneten oder mit einem Holzlöffel gut verrühren. Bei Bedarf noch etwas Backschrot hinzufügen. Die Schüssel mit Schrot ausstreuen. Den Teig in der Schüssel in einer Plastiktüte an einem warmen Ort noch 3 Std. gehen lassen.

3. Den Teig mit etwas Backschrot kurz durchkneten und in den Korb setzen. Im Korb in einer Plastiktüte an einem warmen Ort noch 2 Std. gehen lassen.

4. Den Backofen vorheizen. Ein Backblech fetten und großzügig mit Backschrot bestreuen. Leinsamen, beide Sesamsorten, Kürbis- und Sonnenblumenkerne grob hacken und mit dem Mohn mischen. Das Eigelb mit etwas kaltem Wasser glatt rühren. Den Teig auf das Blech stürzen, mit Eigelb bestreichen und mit der Knuspermischung bestreuen. Diese leicht andrücken.

5. Das Brot rundherum am unteren Rand mit einem scharfen Messer leicht einschneiden und bei 250° (unten, Umluft 230°) in den Ofen schieben. Die Temperatur sofort auf 210° (Umluft 190°) reduzieren und das Brot in 50–60 Min. fertig backen.

6. 10 Min. vor Ende der Backzeit die Oberfläche mit etwas kaltem Salzwasser besprühen. Das fertig gebackene Brot noch heiß mit Salzwasser besprühen und auf einem Kuchengitter auskühlen lassen.

Variante

Wenn Sie es kerniger mögen, ersetzen Sie das Weizenmehl durch grob bis mittelfein geschrotete Weizenkörner. Oder kneten Sie die Körner und Samen rasch unter den gegangenen Teig, statt das Brot damit zu bestreuen.

Tipps

Damit die Brotoberfläche schön glatt wird, können Sie sie vor dem Backen mit Eiweiß oder nach dem Backen sofort mit heißer Speisestärke (200 ml kochendes Wasser, 1 TL Stärke) bestreichen.
Wenn Sie das Brot mit kaltem Salzwasser besprühen, erhält es eine krachende Kruste.

◷ Zubereitung: 40 Min.	◷ Ruhezeit: 12 Std. + 5 Std.
◷ Backzeit: 1 Std.	Pro Scheibe ca.: 190 kcal

Koriander-Möhren-Brot

Für 1 rundes Brot (18 Scheiben)
Am Vortag:
100 g Sauerteig vom Bäcker
300 g Roggenvollkornmehl
Am Backtag:
60 g Bäckerhefe oder 1 1/2 Würfel Hefe (60 g)
1 TL Zucker
250 g Möhren
9 EL Korianderkörner
300 g Roggenmehl (Type 815)
150 g Sojaschrot, 3 TL Salz
250 ml lauwarmer Möhrensaft
1/2 TL Zimtpulver
100 g geröstete Sojakerne
1 Eigelb
Roggenvollkornmehl zum Arbeiten
Fett fürs Blech

1. Am Vortag den Sauerteig rechtzeitig aus dem Kühlschrank nehmen, damit er Zimmertemperatur erreicht. Das Roggenvollkornmehl mit 250 ml kochendem Wasser überbrühen. Auf Zimmertemperatur abkühlen lassen und mit dem Sauerteig verkneten. In der Schüssel in einer Plastiktüte 12 Std. gehen lassen.

2. Am Backtag die Hefe zerbröckeln, mit Zucker und 100 ml lauwarmem Wasser glatt rühren. Zugedeckt 15 Min. ruhen lassen. Die Möhren putzen, waschen und fein reiben. Die Korianderkörner in einer Pfanne ohne Fett rösten.

3. Roggenmehl, Sojaschrot, Salz, Hefewasser, Möhrensaft, Zimt zum Vorteig geben. Mit der Hälfte der Korianderkörner, Sojakerne und Möhren 10 Min. kneten. Den Teig zur Kugel formen, zugedeckt an einem warmen Ort 3 Std. gehen lassen.

4. Ein Backblech fetten. Den Teig kurz durchkneten, aufs Blech setzen. Zugedeckt an einem warmen Ort noch 2 Std. gehen lassen. Dann den Backofen vorheizen. Das Brot mit Eigelb bestreichen. Mit den übrigen Korianderkörnern bestreuen. Im Ofen bei 200° (unten, Umluft 180°) 50–60 Min. backen.

Zubereitung: 45 Min.	Ruhezeit: 12 Std. + 5 Std.
Backzeit: 1 Std.	Pro Scheibe ca.: 175 kcal

Sauerkraut-Pilz-Brot

Für 1 rundes Brot (18 Scheiben)
10 g getrocknete Steinpilze
1 Zwiebel
100 g Schinkenspeck
1 TL Schweineschmalz (ersatzweise Butter)
250 g frisches Sauerkraut
1 TL edelsüßes Paprikapulver
2 EL gehackte Petersilie
400 g Roggenmehl (Type 815)
200 g Weizenbackschrot (Type 1700)
1 TL Zucker
15 g Sauerteigpulver
2 Päckchen Trockenhefe
Weizenbackschrot zum Arbeiten
Schweineschmalz fürs Blech

1. Die Pilze in 250 ml lauwarmem Wasser 45 Min. einweichen. Die Zwiebel abziehen, fein würfeln. Schinkenspeck fein würfeln. Im heißen Schmalz 3 Min. auslassen. Die Zwiebel mitdünsten. Das Sauerkraut ausdrücken. Die Pilze abgießen, die Flüssigkeit dabei auffangen. Die Pilze gut ausdrücken, mittelfein hacken. Speckmasse, Pilze, Sauerkraut, Paprikapulver und Petersilie mischen.

2. Roggenmehl, Weizenbackschrot, Zucker, Sauerteigpulver und Trockenhefe mischen. Das Pilzwasser mit etwa 400 ml lauwarmem Wasser auf 500 ml auffüllen, zum Mehl geben und 10 Min. kneten. Bei Bedarf noch etwas Backschrot hinzufügen. Die Schüssel mit Mehl ausstreuen. Den Teig zur Kugel formen und in der Schüssel zugedeckt an einem warmen Ort 2 Std. gehen lassen.

3. Ein Backblech fetten. Die Krautmischung rasch unter den Teig kneten. Diesen zu einem runden Laib formen und aufs Blech setzen. Zugedeckt noch 1 Std. gehen lassen.

4. Den Backofen vorheizen. Das Brot mit lauwarmem Wasser bestreichen und mit etwas Backschrot bestreuen. Im Ofen bei 200° (unten, Umluft 180°) 50–60 Min. backen.

Zubereitung: 45 Min.	Ruhezeit: 3 Std. 45 Min.
Backzeit: 1 Std.	Pro Scheibe ca.: 145 kcal

Drillingsbrot

Für 1 runde Brotbackform von 30 cm Ø (22 Scheiben)

500 g Roggenmehl (Type 997)
250 g feines Roggenvollkornmehl
250 g Roggenbackschrot (Type 1800)
2 EL Salz
100 g Bäckerhefe oder 2 Würfel Hefe (à 42 g)
1 TL Zucker
350 g Sauerteig vom Bäcker
4 EL Apfelessig
2 EL Öl
125 g Haselnusskerne
125 g weiche Feigen
1 EL Anissamen
Mehl zum Arbeiten
Fett für die Form

1. Beide Mehlsorten, Backschrot und Salz mischen. Nach und nach 500 ml kochendes Wasser angießen und mit einem Holzlöffel gut unterrühren. Auf Zimmertemperatur abkühlen lassen. Die Hefe zerbröckeln, mit Zucker und 150 ml lauwarmem Wasser glatt rühren. Zugedeckt 15 Min. ruhen lassen.

2. Den Sauerteig mit dem krümeligen Mehl mischen. Mit Hefewasser, Essig und Öl 10 Min. kneten. Den Teig in 3 Portionen teilen. Die Schüssel mit Mehl ausstreuen. Die Teigstücke hineinsetzen. In der Schüssel in einer Plastiktüte an einem warmen Ort 2 Std. gehen lassen.

3. Die Backform fetten. Die Haselnüsse grob hacken. Die Feigen in kleine Würfel schneiden. Je 1 Teigportion rasch mit Haselnusskernen, mit Feigen und Anissamen verkneten. Jeden Teig zur Kugel formen, mit etwas Wasser benetzen und die 3 Portionen nebeneineinander in die Form setzen. Den Teig zugedeckt an einem warmen Ort noch 2 Std. gehen lassen.

4. Den Backofen vorheizen. Das Brot bei 200° (unten, Umluft 180°) 55–65 Min. backen.

Zubereitung: 40 Min.	Ruhezeit: 4 Std. 15 Min.
Backzeit: 1 Std. 5 Min.	Pro Scheibe ca.: 235 kcal

Unser Bestes

Für 1 rundes Brot (22 Scheiben)

Am Vortag:
1 leicht geh. TL Backferment (3 g)
1 geh. TL Grundansatz (10 g)
300 g Weizenbackschrot (Type 1700)

Am Backtag:
500 g Roggenmehl (Type 997)
250 g Weizenmehl (Type 1050)
2 EL Salz, 1 TL Zucker
1 TL Kräuter der Provence
1 TL Anissamen
1 TL Fenchelsamen
2 EL Öl
1 EL Zuckercouleur
2 EL Essig
200 g weiche Feigen
300 g gemischte Nusskerne (z.B. Walnüsse, Haselnüsse oder Macadamianüsse, Mandeln, Pistazien)
8 EL abgekühlter Kaffee (ca. 1/2 Tasse)
Mehl zum Arbeiten
Fett fürs Blech

1. Am Vortag das Backferment mit dem Grundansatz und 300 ml lauwarmem Wasser glatt rühren. Das Backschrot einrühren. Diesen Vorteig in der Schüssel in einer Plastiktüte an einem warmen Ort 12–20 Std. ruhen lassen (s. Seite 28).

2. Am Backtag die beiden Mehlsorten mit dem Vorteig, Salz, Zucker, Kräutern, Anis- und Fenchelsamen, 450 ml lauwarmem Wasser, Öl, Zuckercouleur und Essig 10 Min. kneten. Bei Bedarf noch etwas Mehl hinzufügen. Die Schüssel mit Mehl ausstreuen. Den Teig zur Kugel formen, in der Schüssel in einer Plastiktüte an einem warmen Ort 2 Std. gehen lassen.

3. Ein Backblech fetten. Die Feigen vierteln, mit der Nussmischung rasch unter den Teig kneten. Zu einem runden Laib formen und auf das Blech setzen. Die Oberfläche mit 4 El kaltem Kaffee glatt streichen. Zugedeckt an einem warmen Ort noch 1 Std. gehen lassen.

4. Den Backofen vorheizen. Das Brot bei 230° (unten, Umluft 210°) 10 Min. backen. Die Temperatur auf 200° (Umluft 180°) reduzieren. Das Brot in 45–55 Min. fertig backen. Das Brot noch heiß mit 4 EL kaltem Kaffee bestreichen.

Zubereitung: 40 Min.	Ruhezeit: 12 Std. + 3 Std.
Backzeit: 1 Std. 5 Min.	Pro Scheibe ca.: 270 kcal

Für 1 Zopf (18 Scheiben)
200 g Buttermilch
25 g Butter
150 g blütenzarte Haferflocken
250 g Vier-Korn-Flocken
1 Würfel Hefe (42 g)
1 TL Honig
250 g Roggenmehl (Type 997)
15 g Sauerteigpulver
3 TL Selleriesalz (ersatzweise Salz)
3 EL getrocknete Kräuter (z.B. Thymian, Rosmarin, Majoran, Oregano, Estragon, Salbei, Petersilie)
1 Eigelb
Zum Bestreuen:
1 TL Kreuzkümmel
1 TL Fenchelsamen
1 TL Anissamen
1 TL Dillsamen
Mehl zum Arbeiten
Fett fürs Blech

Haferzopf mit Kräutern

1. Die Buttermilch mit der Butter erwärmen. Mit den beiden Flockensorten mischen. Die Hefe zerbröckeln, mit Honig und 125 ml lauwarmem Wasser glatt rühren. Jeweils zugedeckt 15 Min. ruhen lassen.

2. Roggenmehl, Sauerteigpulver, Selleriesalz und die getrockneten Kräuter mischen. Das Hefewasser unterrühren. Mit den gequollenen Flocken 10 Min. kneten. Bei Bedarf noch etwas Mehl hinzufügen. Die Schüssel mit Mehl ausstreuen. Den Teig zur Kugel formen und in der Schüssel zugedeckt an einem warmen Ort 1 Std. gehen lassen.

3. Ein Backblech fetten. Den Teig kurz durchkneten, daraus 3 Rollen gleicher Länge formen. Zu einem Zopf flechten und aufs Blech setzen. Zugedeckt noch 30 Min. gehen lassen.

4. Den Backofen vorheizen. Das Eigelb mit wenig Wasser verrühren und den Zopf damit bestreichen. Kreuzkümmel, Fenchel-, Anis- und Dillsamen mischen und den Zopf damit bestreuen. Das Brot im Ofen bei 200° (Mitte, Umluft 180°) 45–55 Min. backen.

Zubereitung: 40 Min.	Ruhezeit: 1 Std. 45 Min.
Backzeit: 55 Min.	Pro Scheibe ca.: 130 kcal

Für 1 ovale Brotform von 32 cm Länge (14 Scheiben)
1 Würfel Hefe (42 g)
1 TL Honig
40 g Butter
200 g Roggenmehl (Type 815)
200 g Weizenbackschrot (Type 1700)
200 g Weizenkleie
50 g Leinsamen
1 EL Salz
1 EL Brotgewürz
1 TL gemahlener Schabzigerklee
10 g Sauerteigpulver
150 ml lauwarme Milch
4 EL Apfelessig
4 EL kernige Haferflocken
Fett für die Form

Kleiebrot

1. Die Hefe zerbröckeln, mit Honig und 250 ml lauwarmem Wasser glatt rühren. 15 Min. zugedeckt ruhen lassen. Die Butter zerlassen.

2. Das Mehl mit Backschrot, Kleie, Leinsamen, Salz, Brotgewürz, Schabzigerklee und Sauerteigpulver mischen. Hefewasser, lauwarme Milch, Butter und Essig hinzufügen und gut unterrühren. Den Teig zugedeckt an einem warmen Ort 1 Std. gehen lassen.

3. Die Backform fetten und mit den Haferflocken ausstreuen. Den Teig noch einmal durchrühren, anschließend in die Form füllen. Zugedeckt an einem warmen Ort noch 30 Min. gehen lassen.

4. Den Backofen vorheizen. Das Brot im Ofen bei 200° (unten, Umluft 180°) 40–50 Min. backen.

Zubereitung: 30 Min.	Ruhezeit: 1 Std. 45 Min.
Backzeit: 50 Min.	Pro Scheibe ca.: 170 kcal

Saftkornbrot

Für 1 runde Brotform von 30 cm Ø (22 Scheiben)

Am Vortag:
500 g Sechs-Korn-Mischung

Am Backtag:
1 Beutel flüssiger Natursauerteig (150 g)
300 g Roggenmehl (Type 997)
200 g Sechs-Korn-Schrot
2 EL Salz
1 1/2 Würfel Hefe (63 g)
1 TL Zucker
2 EL Rübensirup
1 EL Zuckercouleur
3 EL Apfelessig
Mehl zum Arbeiten
Fett für die Form

1. Am Vortag die Sechs-Korn-Mischung mit 1 l kaltem Wasser verrühren und 12 Std. einweichen.

2. Am Backtag die Sechs-Korn-Mischung im Einweichwasser einmal aufkochen. Etwas abkühlen lassen.

3. Den flüssigen Sauerteig im Beutel 15 Min. in warmes Wasser legen. Mehl, Schrot und Salz mischen und langsam 200 ml kochendes Wasser angießen. Mit dem Stiel eines Holzlöffels verrühren, auf Zimmertemperatur abkühlen lassen.

4. Die Sechs-Korn-Mischung in ein Sieb geben und gut abtropfen lassen. Die Hefe zerbröckeln, mit Zucker und 125 ml lauwarmem Wasser glatt rühren. Zugedeckt 15 Min. ruhen lassen.

5. Den flüssigen Sauerteig über das krümelige Mehl gießen. Hefewasser, Rübensirup, Zuckercouleur und Essig sowie die abgetropfte Körnermischung – bis auf etwa 4 EL – hinzufügen. Alle Zutaten 10 Min. kneten. Bei Bedarf noch etwas Mehl hinzufügen. Die 4 EL Körnermischung wird später zum Ausstreuen benötigt, zugedeckt beiseite stellen.

6. Die Schüssel mit Mehl ausstreuen. Den Teig zur Kugel formen und in der Schüssel in einer Plastiktüte an einem warmen Ort 3 Std. gehen lassen.

7. Die Backform fetten und mit der Körnermischung ausstreuen. Den Teig kurz durchkneten und in der Form in einer Plastiktüte an einem warmen Ort noch 1 Std. 30 Min. gehen lassen.

8. Den Backofen vorheizen. Das Brot mit etwas lauwarmem Wasser bestreichen. Im Ofen bei 250° (unten, Umluft 230°) 10 Min. backen. Die Temperatur dann auf 200° (Umluft 180°) reduzieren und das Brot in 40–50 Min. fertig backen.

Tipps

Wenn Sie die Körnermischung nur einweichen, aber nicht kochen, wird das Brot noch kerniger. Dieses vitalstoffreiche Brot hält sich luftig verpackt in Brotbeuteln, Brotkästen oder speziellen Keramikbehältern 7–10 Tage frisch. Auch eine Plastiktüte, die nicht fest verschlossen ist, ist geeignet. Erst nach einigen Tagen entwickelt dieses Brot seinen ganz besonders würzigen Geschmack.

Hinweis

Für runde Brote wie vom Bäcker gibt es neue Brotbackformen: ideal für selbstgebackene 1500-g-Laibe. Dank der Spezialbeschichtung sind sie auch für Sauerteigbrote geeignet.

Varianten

Die Sechs-Korn-Mischung kann aus Weizen, Roggen, Hafer, Gerste, Hirse und Buchweizen bestehen. Stattdessen können Sie aber auch eine Drei- oder Vier-Korn-Mischung verwenden.
Sehr gut schmeckt das Brot auch, wenn Sie es mit dem typischen Brotgewürz Schabzigerklee würzen. Oder mit »Brotgewürz«, das Anis, Fenchel, Koriander, Kardamom und Kümmel enthält. Auch eine Kräutermischung wie Kräuter der Provence passt sehr gut.
Oder verwenden Sie getrocknete Kräuter pur wie Thymian, Rosmarin, Majoran, Oregano, Estragon oder Salbei.

Zubereitung: 35 Min.	Ruhezeit: 12 Std. + 5 Std.
Backzeit: 1 Std.	Pro Scheibe ca.: 170 kcal

Für 1 Kastenform von 30 cm Länge (18 Scheiben)
500 g Dinkelvollkornmehl
150 g Roggenmehl (Type 997)
100 g Grünkernschrot
15 g Sauerteigpulver
2 Päckchen Trockenhefe
3 TL Salz
80 g Rübensirup
1 EL lösliches Kaffeepulver
2 EL Kakao
175 g Datteln
1 EL frisch gehackter Ingwer
1 Eiweiß
3 EL Grünkernschrot zum Bestreuen
Mehl zum Arbeiten
Fett für die Form

Dattel-Ingwer-Brot

1. Die beiden Mehlsorten und das Schrot mit Sauerteigpulver, Trockenhefe und Salz mischen. Rübensirup, Kaffeepulver und Kakao mit 450 ml lauwarmem Wasser verrühren und zum Mehl geben. 10 Min. kneten. Bei Bedarf noch etwas Mehl hinzufügen.

2. Die Schüssel mit Mehl ausstreuen. Den Teig zur Kugel formen und in der Schüssel zugedeckt an einem warmen Ort 1 Std. gehen lassen.

3. Die Backform fetten. Die Datteln entkernen und längs in Streifen schneiden. Mit dem Ingwer unter den Teig kneten. Den Teig in die Form geben. Zugedeckt an einem warmen Ort noch 1 Std. gehen lassen.

4. Den Backofen vorheizen. Das Eiweiß mit etwas kaltem Wasser verrühren, das Brot damit bestreichen und mit Grünkernschrot bestreuen. Die Oberfläche längs einmal einschneiden. Im Ofen bei 200° (unten, Umluft 180°) 50–60 Min. backen.

Zubereitung: 35 Min.	Ruhezeit: 2 Std.
Backzeit: 1 Std.	Pro Scheibe ca.: 180 kcal

Für 1 Brotkranz (20 Scheiben)
Am Vortag:
100 g Sauerteig vom Bäcker
300 g Roggenmehl (Type 815)
Am Backtag:
250 g Roggenmehl (Type 997)
450 g grobes Grahammehl
2 Päckchen Trockenhefe
4 EL Honig (am besten Tannenhonig)
3 TL Salz
4 EL Öl
100 g Pinienkerne
200 g Feigen
1 Eigelb
1 EL Kreuzkümmel zum Bestreuen
Mehl zum Arbeiten
Fett fürs Blech

Variante

Mischen Sie 225 g Weizenmehl (Type 550 oder 1050) und 225 g Weizenbackschrot (Type 1700) und verwenden Sie es anstelle des Grahammehls.

Graham-Feigen-Brot

1. Am Vortag den Sauerteig rechtzeitig aus dem Kühlschrank nehmen. Das Roggenmehl mit 250 ml kochendem Wasser überbrühen und auf Zimmertemperatur abkühlen lassen. Den Sauerteig einarbeiten. Den Vorteig in einer Schüssel in einer Plastiktüte an einem warmen Ort etwa 12 Std. gehen lassen.

2. Am Backtag Roggenmehl, Grahammehl und Trockenhefe mischen. Honig, 250 ml lauwarmes Wasser, Salz, Öl und den Vorteig zum Mehl geben. Alles 10 Min. kneten. Bei Bedarf noch etwas Mehl hinzufügen. Die Schüssel mit Mehl ausstreuen. Den Teig zur Kugel formen und in der Schüssel zugedeckt an einem warmen Ort 2 Std. gehen lassen.

3. Ein Backblech fetten. Die Pinienkerne in einer Pfanne ohne Fett rösten. Die Feigen sehr fein würfeln. Mit den Pinienkernen unter den Teig kneten. Zu einer etwa 6 cm dicken Rolle formen, aufs Blech setzen und zu einem Ring formen. Zugedeckt noch 45 Min. gehen lassen.

4. Den Backofen vorheizen. Die Brotoberfläche einschneiden. Das Eigelb mit wenig Wasser verrühren. Den Brotkranz damit bestreichen und mit Kreuzkümmel bestreuen. Im Ofen bei 200° (Mitte, Umluft 180°) 50–60 Min. backen.

Zubereitung: 40 Min.	Ruhezeit:12 Std. + 3 Std.
Backzeit: 1 Std.	Pro Scheibe ca.: 265 kcal

Kraftbrot

Für 1 längliches Brot (22 Scheiben)
100 g Sauerteig vom Bäcker
250 g Roggenmehl (Type 1150)
250 g Hafergrütze
250 g Roggenbackschrot (Type 1800)
250 g Weizenbackschrot (Type 1700)
1 EL gemahlener Schabzigerklee
2 EL Brotgewürz, 2 EL Salz
70 g Bäckerhefe oder 1 2/3 Würfel Hefe (70 g)
1 TL Honig
125 g lauwarme Buttermilch
50 g Leinsamen
2 EL Kürbiskernöl (ersatzweise Öl)
125 g Kürbiskerne
125 g Sonnenblumenkerne
250 g weiche Trockenfrüchte
1 Eiweiß
Mehl zum Arbeiten
Fett fürs Blech

1. Den Sauerteig rechtzeitig aus dem Kühlschrank nehmen. Mehl, Hafergrütze, die beiden Schrotsorten, Schabzigerklee, Brotgewürz und Salz mischen. Nach und nach mit 400 ml kochendem Wasser überbrühen, mit dem Stiel eines Holzlöffels mischen. Auf Zimmertemperatur abkühlen lassen. Den Sauerteig einarbeiten, zugedeckt beiseite stellen.

2. Die Hefe zerbröckeln, mit Honig und Buttermilch glatt rühren. Zugedeckt 15 Min. ruhen lassen. Dann den Teig mit Leinsamen, Hefemilch und Öl 10 Min. kneten. Den Teig zur Kugel formen und in der Schüssel in einer Plastiktüte an einem warmen Ort 6 Std. gehen lassen.

3. Ein Backblech fetten. Kürbis- und Sonnenblumenkerne mischen, 5 EL beiseite stellen. Die übrigen Kerne in einer Pfanne ohne Fett leicht rösten. Die Trockenfrüchte fein würfeln. Mit den gerösteten Kernen rasch unter den Teig kneten. Diesen als länglichen Laib aufs Blech setzen. Zugedeckt an einem warmen Ort noch 2 Std. gehen lassen.

4. Den Backofen vorheizen. Das Eiweiß mit wenig Wasser verquirlen. Das Brot damit bestreichen, rundherum einschneiden und mit Kernen bestreuen. Im Ofen bei 200° (unten, Umluft 180°) 55–65 Min. backen.

Zubereitung: 40 Min.	Ruhezeit: 8 Std. 15 Min.
Backzeit: 1 Std. 5 Min.	Pro Scheibe ca.: 270 kcal

Schrotbrot mit Zwiebeln

Für 1 ovale Brotbackform von 32 cm Länge (14 Scheiben)
250 g Roggenvollkornmehl
100 g Roggenbackschrot (Type 1800)
250 g Weizenbackschrot (Type 1700)
1 TL Salz
1 Tüte Zwiebelsuppe (Instant für 500 ml Wasser)
1 TL Brotgewürz
10 g Sauerteigpulver
2 Päckchen Trockenhefe
2 EL Apfelessig
40 g weiches Schweineschmalz
7 EL Röstzwiebeln (Fertigprodukt)
1 TL Speisestärke
Mehl zum Arbeiten
Schweineschmalz für die Form

1. Das Mehl, die beiden Schrotsorten, Salz, Suppenpulver, Brotgewürz, Sauerteigpulver und Trockenhefe mischen. Apfelessig, Schweineschmalz und 375 ml lauwarmes Wasser hinzufügen und 10 Min. kneten. Bei Bedarf noch etwas Mehl zum Teig geben.

2. Die Schüssel mit Mehl ausstreuen. Den Teig zur Kugel formen und in der Schüssel zugedeckt an einem warmen Ort 1 Std. gehen lassen.

3. Die Backform fetten. Etwas mehr als die Hälfte der Röstzwiebeln rasch unter den Teig kneten. Diesen in die Form geben. Zugedeckt an einem warmen Ort noch 45 Min. gehen lassen.

4. Den Backofen vorheizen. Das Brot bei 200° (unten, Umluft 180°) 45–55 Min. backen. 200 ml Wasser zum Kochen bringen. Die Speisestärke mit kaltem Wasser glatt rühren, ins kochende Wasser einrühren und einmal aufkochen lassen. Das Brot aus der Form stürzen, mit der heißen Stärke bestreichen und mit den restlichen Röstzwiebeln bestreuen.

Zubereitung: 30 Min.	Ruhezeit: 1 Std. 45 Min.
Backzeit: 55 Min.	Pro Scheibe ca.: 170 kcal

Für 1 Kastenform von 30 cm Länge (22 Scheiben)
Am Vortag:
1 leicht geh. TL Backferment (3 g)
1 geh. TL Grundansatz (10 g)
300 g frisch geschroteter Roggen
200 g Weizenkörner
Am Backtag:
500 g Roggenbackschrot (Type 1800)
2 EL Salz
2 EL Rübensirup
3 TL Zuckercouleur
1 EL Brotgewürz
1 EL Kümmel
2 EL Öl
1 Eiweiß
Zum Bestreuen:
2 EL Roggenbackschrot
kernige Haferflocken
Mehl zum Arbeiten
Fett für die Form

Tipp

Brotteige, die mit Backferment und dem Grundansatz aus Backferment (aus dem Reformhaus und aus dem Bioladen) gelockert werden, sind besonders weich. Backen Sie diese deshalb am besten immer in einer Kastenform oder in einer großen runden Brotbackform.

Kernbeißer

1. Am Vortag das Backferment und den Grundansatz mit 300 ml lauwarmem Wasser glatt rühren. Den frisch geschroteten Roggen einrühren. In der Schüssel in einer Plastiktüte an einem warmen Ort mindestens 12 Std. ruhen lassen (s. Seite 28). Die Weizenkörner in 750 ml kaltem Wasser ebenfalls 12 Std. einweichen.

2. Am Backtag die eingeweichten Weizenkörner im Einweichwasser einmal aufkochen und auf Zimmertemperatur abkühlen lassen. Roggenschrot mit Salz, Rübensirup, Zuckercouleur, Brotgewürz, Kümmel, Öl und 250 ml lauwarmem Wasser mischen. Die Weizenkörner in ein Sieb abgießen und gut abtropfen lassen.

3. Den Vorteig 10 Min. mit dem Roggenteig verkneten. Die Weizenkörner einarbeiten. Bei Bedarf noch etwas Mehl zum Teig geben. Er sollte weich sein, aber nur wenig an den Händen kleben. Die Schüssel mit Mehl ausstreuen. Den Teig zur Kugel formen und in der Schüssel in einer Plastiktüte an einem warmen Ort 3 Std. gehen lassen.

4. Die Backform fetten. Den Teig kurz durchkneten und in die Form setzen. Mit feuchten Händen die Oberfläche glatt streichen. Den Teig in der Form in einer Plastiktüte an einem warmen Ort noch 2 Std. gehen lassen.

5. Den Backofen vorheizen. Das Eiweiß mit wenig kaltem Wasser verrühren. Das Brot damit bestreichen. Die Oberfläche mit einem scharfen Messer dreimal quer einschneiden. Mit Roggenbackschrot und kernigen Haferflocken bestreuen. Das Brot im Ofen bei 230° (unten, Umluft 210°) 10 Min. backen. Die Temperatur auf 200° (Umluft 180°) reduzieren und das Brot in 40–50 Min. fertig backen. Das noch heiße Brot für 1 Std. in ein Geschirrtuch wickeln.

Varianten

Statt Roggenbackschrot können Sie für dieses Brot auch Weizenbackschrot (Type 1700) verwenden.
Noch saftiger wird es, wenn Sie 125 g geriebene Möhren oder Äpfel unter den Teig kneten.
Oder verleihen Sie dem Brot einen noch nussigeren Geschmack: Rösten Sie 100 g grob gehackte Haselnüsse in einer Pfanne ohne Fett und kneten Sie diese in Arbeitsschritt 4 unter den Teig.

Zubereitung: 40 Min.
Backzeit: 1 Std.
Ruhezeit: 12 Std. + 5 Std.
Pro Scheibe ca.: 155 kcal

Walnussbrot

Für den Brotbackautomaten
(16 Scheiben)
400 ml Tomatensaft
2 EL Walnussöl (ersatzweise Öl)
2 EL Obstessig
1 TL Salz, 1 TL Zucker
125 g Sechs-Korn-Schrot
100 g Maisgrieß (Polenta)
150 g Roggenmehl (Type 815)
125 g + 1 TL Weizenmehl (Type 550)
1 Päckchen Trockenhefe
10 g Sauerteigpulver
100 g getrocknete Tomaten in Öl
100 g gemischte grüne und schwarze Oliven
100 g Walnusskerne
2 EL frische Thymianblättchen
1 TL Olivenöl

1. Tomatensaft, Öl, Essig, Salz, Zucker, Sechs-Korn-Schrot, Maisgrieß, beide Mehlsorten, Trockenhefe und das Sauerteigpulver in dieser Reihenfolge in die Form des Brotbackautomaten geben. Beim Backautomaten die Einstellung »Basis/normal/ Weißbrot« wählen und ohne Timer backen.

2. Die getrockneten Tomaten zwischen Küchenpapier entfetten und hacken. Die gemischten Oliven und die Walnusskerne ebenfalls hacken. Alles mit den Thymianblättchen und 1 TL Mehl vermengen. Die Füllung sollte etwa handwarm sein.

3. Kurz vor Ende der Knetphase die Tomaten-Oliven-Mischung zum Teig geben. Nach dem Backen die Oberfläche des Brots sofort mit etwas Olivenöl bestreichen. Das Brot 10 Min. in der Form auskühlen lassen, dann auf ein Kuchengitter stürzen und vollständig erkalten lassen.

Tipp

Sie können auch etwa 50 g getrocknete Tomaten verwenden: Über Nacht in Tomatensaft einweichen. Gut abtropfen lassen, klein schneiden und untermischen.

Zubereitung: 20 Min.
Einstellung: Basis/normal
kein Timer
Pro Scheibe ca.: 190 kcal

Knoblauchbrot

Für den Brotbackautomaten
(16 Scheiben)
Am Vortag:
100 g Roggenkörner
Am Backtag:
2 Knoblauchzehen
1 EL Salz, 1 TL Zucker
250 g Roggenbackschrot (Type 1800)
250 g Weizenmehl (Type 1050)
10 g Sauerteigpulver
1 Päckchen Trockenhefe
1 EL Rübensirup
2 EL getrocknete Petersilie

1. Am Vortag die Roggenkörner 12 Std. in 750 ml kaltem Wasser einweichen.

2. Am Backtag die Roggenkörner im Einweichwasser 5 Min. köcheln. Den Knoblauch abziehen und fein hacken. Die Roggenkörner in ein Sieb abgießen – dabei das Einweichwasser auffangen – und abkühlen lassen. 350 ml vom Einweichwasser abmessen und in die Form des Brotbackautomaten gießen. Den Knoblauch, die eingeweichten Roggenkörner, Salz, Zucker, Roggenbackschrot, Weizenmehl, Sauerteigpulver, Trockenhefe, Rübensirup sowie die Petersilie hinzufügen.

3. Beim Backautomaten die Einstellung »Vollkorn« wählen und ohne Timer backen. Das gebackene Brot 10 Min. in der Form auskühlen lassen, dann auf ein Kuchengitter stürzen und vollständig erkalten lassen.

Variante

Anstelle von Knoblauch können Sie auch 80 g Röstzwiebeln (Fertigprodukt) oder die gleiche Menge kross gebratene Speckwürfel zum Teig geben. Fügen Sie diese erst kurz vor Ende der Knetphase hinzu.

Zubereitung: 20 Min.
Einstellung: Vollkorn
Ruhezeit: 12 Std.
Pro Scheibe ca.: 125 kcal

Aus aller Welt

Ausgefallen und beliebt

Auf der ganzen Welt wird Brot gegessen – die Sorten und die Art der Zubereitung sind vielfältig: knusprige Schlangenbrote in der Puszta, würzig gefülltes Käsebrot in Georgien, dünne, krosse Fladen auf Sardinien, fruchtige Brote in der Schweiz. Die Grundlagen sind aber immer die gleichen: gemahlenes Getreide, ein Treibmittel und geschmacksbildende Zutaten. Während wir das Brot meist in Scheiben schneiden, mit Butter bestreichen und mit Schinken, Wurst oder Käse belegen, wird Brot in anderen Ländern häufig pur zum Käse, zum Glas Wein oder zur Suppe gereicht.

Pitafladen

Für 2 Fladen (à 6 Stück)
1 Würfel Hefe (42 g), 1 TL Zucker
900 g Weizenmehl (Type 405)
100 g Weizenmehl (Type 1050)
100 ml lauwarme Milch, 1 EL Salz
1/2 TL Kreuzkümmelpulver, 5 EL Olivenöl
Mehl zum Arbeiten, Fett fürs Blech

1. Die Hefe zerbröckeln, mit Zucker und 200 ml lauwarmem Wasser glatt rühren. Zugedeckt 15 Min. ruhen lassen. Dann mit beiden Mehlsorten, 200 ml lauwarmem Wasser, Milch, Salz, Kreuzkümmel und Öl 10 Min. kneten. Die Schüssel mit Mehl ausstreuen. Den Teig zur Kugel formen und in der Schüssel zugedeckt an einem warmen Ort 2 Std. gehen lassen

2. Zwei Backbleche fetten und dünn mit Mehl bestreuen. Den Teig kurz durchkneten, halbieren. Jedes Teigstück zu einem Fladen formen und auf ein Blech setzen. Zugedeckt noch 1 Std. gehen lassen. Den Backofen vorheizen. Die Fladen dünn mit lauwarmem Wasser bestreichen, mit Mehl bestreuen. Nacheinander im Ofen backen: Jeweils zunächst bei 240° (unten, Umluft 220°) 8 Min., anschließend auf der mittleren Schiene in 10–12 Min. fertig backen.

Zubereitung: 50 Min.	Ruhezeit: 3 Std. 15 Min.
Backzeit: 2 x 20 Min.	Pro Stück ca.: 330 kcal

Pusztabrot

Für 2 Brote (à 6 Stück)
650 g Weizenmehl (Type 1050)
2 Päckchen Trockenhefe
3 TL Salz, 1 TL Honig (ersatzweise Zucker)
1 EL Brotgewürz, 4 EL Öl
1 Eiweiß, 2 EL Kümmel zum Bestreuen
Mehl zum Arbeiten, Fett fürs Blech

1. Das Mehl mit Hefe, Salz, Honig, Brotgewürz, Öl und 350 ml lauwarmem Wasser 10 Min. kneten. Bei Bedarf noch etwas Mehl hinzufügen. Die Schüssel mit Mehl ausstreuen. Den Teig zur Kugel formen und in der Schüssel zugedeckt an einem warmen Ort 1 Std. gehen lassen.

2. Ein Backblech fetten. Den Teig kurz durchkneten und 2 etwa 4 cm dicke Rollen formen. Diese spiralförmig eindrehen oder um einen gewässerten Holzlöffelstiel oder Ast wickeln. Zugedeckt auf dem Blech noch 30 Min. gehen lassen. Den Backofen vorheizen. Die Brote mit Eiweiß bestreichen und mit Kümmel bestreuen. Im Ofen bei 200° (Mitte, Umluft 180°) 20–30 Min. backen. Zwischendurch einmal wenden.

Zubereitung: 45 Min.	Ruhezeit: 1 Std. 30 Min.
Backzeit: 30 Min.	Pro Stück ca.: 215 kcal

Schweizer Grittibänz

Für 4 Stück
1 Würfel Hefe (42 g), 1 TL Zucker
1 kg Weizenmehl (Type 405)
200 ml lauwarme Milch, 1 EL Salz
100 g weiche Butter
2 Eier + 2 Eigelbe
Zum Verzieren z.B. Trockenfrüchte, Nüsse
Mehl zum Arbeiten, Fett fürs Blech

1. Die Hefe zerbröckeln, mit Zucker und 125 ml lauwarmem Wasser glatt rühren. Zugedeckt 15 Min. ruhen lassen. Dann mit dem Mehl, Milch, Salz, Butter und 2 Eiern 10 Min. kneten. Die Schüssel mit Mehl ausstreuen. Den Teig zur Kugel formen und in der Schüssel zugedeckt an einem warmen Ort 1 Std. gehen lassen.

2. Ein Backblech fetten. Den Teig kurz durchkneten und 4 Männchen mit Hut, Umhang oder Jacke, Hose oder Schürze formen. Auf dem Blech zugedeckt noch 30 Min. gehen lassen. Den Backofen vorheizen. Die Eigelbe mit wenig Wasser verrühren und die Grittibänz damit bestreichen und verzieren. Im Ofen bei 200° (Mitte, Umluft 180°) 25–35 Min. backen.

Zubereitung: 75 Min.	Ruhezeit: 1 Std. 45 Min.
Backzeit: 35 Min.	Pro Stück ca.: 1150 kcal

Englische Scones

Für 10 Stück
2 Eier, 2 EL Puderzucker
75 g weiche Butter
1 TL abgeriebene Orangenschale
100 ml kalte Milch, 1 Prise Salz
1 EL frisch gehackter Ingwer
250 g Weizenmehl (Type 550), 1 TL Backpulver
4 EL Orangenmarmelade (nach Belieben)
Fett fürs Blech

1. Die Eier in eine Schüssel geben, den Puderzucker darüber sieben und verquirlen. Mit der Butter schaumig rühren. Orangenschale, Milch, Salz und Ingwer einrühren. Mehl und Backpulver darüber sieben. Alles zu einem geschmeidigen Teig verarbeiten. Den Teig in Frischhaltefolie wickeln und 20 Min. kühl stellen.

2. Den Backofen vorheizen. Ein Backblech fetten. Aus dem Teig 10 runde Brötchen gleicher Größe formen und aufs Blech setzen. Im Ofen bei 200° (Mitte, Umluft 180°) 15–20 Min. backen. Die Orangenmarmelade erhitzen und durch ein Sieb streichen. Die heißen Scones damit bestreichen und auf einem Kuchengitter auskühlen lassen.

Zubereitung: 40 Min.	Ruhezeit: 20 Min.
Backzeit: 20 Min.	Pro Stück ca.: 220 kcal

Schweizer Birnbrot

Für 2 längliche Brote
(à 13 Scheiben)
Für die Füllung:
100 g Haselnusskerne
400 g getrocknete Birnen
150 g weiche, getrocknete Feigen
100 g Rosinen
4 EL Rübensirup
1 TL Lebkuchengewürz
1/2 TL Nelkenpulver
1 Prise frisch geriebene Muskatnuss
weißer Pfeffer aus der Mühle
100 ml Birnenbrand (ersatzweise Birnennektar oder -saft)
Für den Teig:
250 g Weizenmehl (Type 1050)
1 Päckchen Trockenhefe
1 TL Zucker
1 EL Apfelessig
Mehl zum Arbeiten
Fett fürs Blech

1. Am Vortag die Haselnüsse in einer Pfanne ohne Fett rösten, mittelfein hacken. Birnen und Feigen in schmale Streifen schneiden. Mit Haselnüssen, Rosinen, Rübensirup, Lebkuchengewürz, Nelken, Muskatnuss und Pfeffer mischen. Den Birnenbrand hinzugießen. Zugedeckt 12 Std. durchziehen lassen.

2. Am Backtag Mehl, Trockenhefe, Zucker, 125 ml lauwarmes Wasser und Essig 10 Min. kneten. Die Schüssel mit Mehl ausstreuen. Den Teig zur Kugel formen und in der Schüssel zugedeckt an einem warmen Ort 2 Std. gehen lassen.

3. Ein Backblech fetten. Die Füllung unter den Teig kneten. Bei Bedarf noch etwas Mehl hinzufügen. Aus dem Teig mit angefeuchteten Händen zwei schmale, längliche Brote formen und aufs Blech setzen. Die Oberflächen glatt streichen. Zugedeckt an einem warmen Ort noch 2 Std. gehen lassen.

4. Den Backofen vorheizen. Die Brote im Ofen bei 180° (Mitte, Umluft160°) 40–50 Min. backen. Die abgekühlten Birnbrote fest in Alufolie wickeln und mindestens 3 Tage kühl stellen. Vor dem Servieren in dünne Scheiben schneiden.

Zubereitung: 1 Std. 15 Min.	Ruhezeit: 12 Std. + 4 Std.
Backzeit: 50 Min.	Pro Scheibe ca.: 140 kcal

Französische Käsebällchen

Für 16 Stück
40 g luftgetrockneter Schinken in dünnen Scheiben
100 g fester Schafkäse (ersatzweise Ziegenkäse)
1 EL frisch gehackter Thymian
65 g Butter, 1 Prise Salz
150 g Weizemehl (Type 550)
4 Eier + 1 Eigelb
Pfefferkörner zum Bestreuen
Fett fürs Blech

1. Den Fettrand vom Schinken entfernen. Den Schinken fein würfeln. Den Käse entrinden und grob raspeln. Mit Schinken und Thymian mischen.

2. 150 ml Wasser mit der Butter und einer kräftigen Prise Salz zum Kochen bringen. Das Mehl auf einmal dazugeben und so lange erhitzen, bis sich ein Teigkloß bildet und am Topfboden ein heller Belag entsteht.

3. Den Teig in eine Schüssel geben und die Eier nacheinander einzeln gut unterrühren. Der Teig ist perfekt, wenn er glänzt und sich am Rührlöffel lange Spitzen bilden, wenn man ihn durch den Teig zieht.

4. Den Backofen vorheizen. Ein Backblech fetten. Die Schinken-Käse-Mischung unter den Teig rühren. Mit einem Esslöffel 16 Teighäufchen aufs Blech setzen, mit dem Eigelb bestreichen. Die Pfefferkörner im Mörser grob zerstoßen und darüber streuen. Im Ofen bei 210° (Mitte, Umluft nicht geeignet) 20–25 Min. backen. Den Ofen während der ersten 20 Min. nicht öffnen, sonst fällt das Gebäck zusammen.

Zubereitung: 35 Min.	
Backzeit: 25 Min.	Pro Scheibe ca.: 110 kcal

Für 16 Stück
Am Vortag:
1/2 Würfel Hefe (21 g)
1 TL + 2 EL Zucker
500 g Weizenmehl (Type 405)
1 EL Salz
Am Backtag:
350 g weiche Butter
2 EL Mehl
2 Eigelbe
1 TL Milch
Mehl zum Arbeiten
Fett fürs Blech

Hinweis

Wenn's schnell gehen muss, können Sie für diese Croissants auch tiefgefrorenen Blätterteig verwenden.

Tipps

In Frankreich genießt man diese buttrigen Hörnchen am liebsten mit Milchkaffee zum Frühstück. Und ob gefüllt oder ungefüllt: Frisch aus dem Ofen schmecken Croissants am allerbesten.

Croissants

1. Am Vortag die Hefe zerbröckeln, mit 1 TL Zucker und 150 ml lauwarmem Wasser glatt rühren. Zugedeckt 15 Min. ruhen lassen. Dann mit 150 ml lauwarmem Wasser, Mehl, Salz und 2 EL Zucker zu einem glatten Teig verkneten. Bei Bedarf noch etwas Mehl hinzufügen. Die Schüssel mit Mehl ausstreuen. Den Teig zur Kugel formen und in der Schüssel im Kühlschrank zugedeckt 12 Std. gehen lassen.

2. Am Backtag die weiche Butter mit 2 EL Mehl verkneten und zu einem 10 x 15 cm großen Block formen. In Frischhaltefolie wickeln und 30 Min. kühl stellen.

3. Den Teig einmal kreuzförmig einschneiden und auf bemehlter Arbeitsfläche sternförmig ausrollen. Die Butter in die Mitte legen und die Enden so darüber klappen, dass beim Bearbeiten keine Butter austreten kann. Den Teig vorsichtig zu einem 50 x 25 cm großen Rechteck ausrollen. Das überschüssige Mehl mit einem Backpinsel entfernen. Die beiden äußeren Drittel des 50 cm langen Teigrechtecks über das innere Drittel klappen. Zugedeckt 20 Min. kühl stellen.

4. Den gekühlten Teig auf bemehlter Arbeitsfläche erneut zu einem 50 x 25 cm großen Rechteck ausrollen. Das überschüssige Mehl entfernen und den Teig wie zuvor übereinander falten. Weitere 20 Min. zugedeckt kühl stellen. Diesen Vorgang noch zweimal wiederholen.

5. Ein Backblech fetten. Den gekühlten Teig in zwei Portionen teilen und auf bemehlter Arbeitsfläche nacheinander jeweils zu einem 40 x 16 cm großen Rechteck ausrollen. Jedes Rechteck in jeweils 4 gleichmäßige Rechtecke schneiden. Jedes dieser 8 Rechtecke diagonal in 2 Dreiecke teilen. Die Dreiecke von der breiten Seite her aufrollen, leicht biegen und auf das Blech legen.

6. Die Eigelbe mit wenig Milch verrühren und die Croissants dünn damit bestreichen. Mit Frischhaltefolie abdecken und bei Raumtemperatur noch 1 Std. ruhen lassen.

7. Den Backofen vorheizen. Die Croissants erneut mit Eigelb bestreichen und im Ofen bei 210° (Mitte, Umluft 190°) in 15–25 Min. goldgelb backen.

Variante

Für ein Büfett können Sie auch kleinere Hörnchen formen und diese mit Schinken-Zwiebel-Würfeln oder Käsewürfeln mit Kräutern füllen.

Zubereitung: 2 Std.	Ruhezeit: 12 Std. + 3 Std.
Backzeit: 25 Min.	Pro Stück ca.: 290 kcal

Für 2 längliche Brote
(à 10 Scheiben)
Für den Teig:
500 g Weizenmehl (Type 550)
10 g Sauerteigpulver
1 Päckchen Trockenhefe
350 g lauwarme Buttermilch
1 TL Zucker, 1 EL Salz
4 EL Olivenöl
Für die Füllung:
4 Tomaten
100 g getrocknete Tomaten in Öl
1 TL frische Thymianblättchen
2 EL kleine Kapern
100 g schwarze Oliven ohne Kerne
125 g Büffelmozzarella
2 EL Tomatenmark
Salz, Pfeffer aus der Mühle
Mehl zum Arbeiten, Fett fürs Blech

Weißbrot aus der Toskana

1. Das Mehl mit Sauerteigpulver, Trockenhefe, Buttermilch, Zucker, Salz und Olivenöl 10 Min. kneten. Bei Bedarf noch etwas Mehl hinzufügen. Die Schüssel mit Mehl ausstreuen. Den Teig zur Kugel formen und in der Schüssel zugedeckt an einem warmen Ort 3 Std. gehen lassen.

2. Für die Füllung die Tomaten mit kochendem Wasser überbrühen, häuten und entkernen. Fruchtfleisch fein würfeln. Getrocknete Tomaten leicht entfetten und mittelfein, Thymian und Kapern fein hacken. Oliven in feine Streifen schneiden. Mozzarella fein würfeln. Alles mit Tomatenmark, Salz und Pfeffer verrühren.

3. Ein Backblech fetten. Den Teig kurz durchkneten und halbieren. Beide Teigstücke auf bemehlter Arbeitsfläche je 24 x 24 cm groß ausrollen. Jeweils die Hälfte der Füllung darauf verstreichen. Rundum 2 cm Rand mit lauwarmem Wasser bestreichen. Die Brote aufrollen, mit der Naht nach unten aufs Blech setzen und zugedeckt noch 1 Std. gehen lassen.

4. Den Backofen vorheizen. Die Brote mit lauwarmem Wasser bestreichen und mit etwas Mehl bestäuben. Im Ofen bei bei 220° (Mitte, Umluft 200°) 20–30 Min. backen.

Zubereitung: 1 Std. 15 Min.	Ruhezeit: 4 Std.
Backzeit: 30 Min.	Pro Scheibe ca.: 140 kcal

Für 1 Backblech (16 Stück)
1 Würfel Hefe (42 g)
1 TL Zucker
400 g Weizenmehl (Type 550)
100 g Hartweizengrieß
1 TL Salz
100 ml lauwarmer Weißwein
(ersatzweise weißer Traubensaft)
150 ml Olivenöl
Zum Bestreuen:
1 EL grobes Meersalz
2 EL frische Rosmarinnadeln
Mehl zum Arbeiten
Butter fürs Blech

Focaccia

1. Die Hefe zerbröckeln, mit Zucker und 100 ml lauwarmem Wasser glatt rühren. 15 Min. zugedeckt ruhen lassen.

2. Mehl, Grieß und Salz in der Schüssel mischen. Das Hefewasser, Wein und 100 ml Öl hinzufügen und alle Zutaten 10 Min. kneten. Bei Bedarf noch etwas Mehl hinzufügen. Die Schüssel mit Mehl ausstreuen. Den Teig zur Kugel formen und in der Schüssel zugedeckt an einem warmen Ort 2 Std. gehen lassen.

3. Ein Backblech dick mit weicher Butter fetten. Den Teig auf bemehlter Arbeitsfläche ausrollen, locker über das Nudelholz rollen und auf dem Blech wieder abrollen. Zugedeckt noch 30 Min. gehen lassen.

4. Den Backofen vorheizen. Die Teigoberfläche mit feuchten Fingern in kurzen aber gleichmäßigen Abständen eindrücken. Mit dem restlichen Öl beträufeln, mit Meersalz und Rosmarinnadeln bestreuen. Im Backofen bei 220° (Mitte, Umluft 200°) 15–20 Min. backen. Die Focaccia in Quadrate schneiden und am besten lauwarm servieren.

Zubereitung: 1 Std.	Ruhezeit: 2 Std. 45 Min.
Backzeit: 20 Min.	Pro Stück ca.: 170 kcal

Für 10 kleine Briocheformen
350 g Weizenmehl (Type 550)
1/2 Würfel Hefe (21 g)
1 TL + 2 EL Zucker
6 EL lauwarme Milch
200 g weiche Butter
3 Eier + 2 Eigelbe
1 EL Salz
Mehl zum Arbeiten
Fett für die Form

Brioches

1. Das Mehl in eine Schüssel sieben, mit einem Löffel eine Mulde hineindrücken. Hefe hineinbröckeln, mit 1 TL Zucker, Milch und wenig Mehl glatt rühren. Mit Mehl bestäuben. Zugedeckt 10 Min. ruhen lassen.

2. 2 EL Zucker zum Vorteig geben. Die Butter in Flöckchen auf den Mehlrand setzen. Die Eier und 1 Eigelb mit dem Salz verquirlen, zum Vorteig hinzufügen und alles 10 Min. kneten. Bei Bedarf noch Mehl hinzufügen. Die Schüssel mit Mehl ausstreuen. Den Teig zur Kugel formen und in der Schüssel zugedeckt an einem warmen Ort 2 Std. gehen lassen.

3. Die Backförmchen fetten. Den Teig kurz durchkneten. Zu 12 Kugeln gleicher Größe formen. 10 Kugeln in die Förmchen setzen. In jede an der Oberseite ein Loch drücken. Aus den 2 übrigen Teigkugeln je 5 kleine Kugeln formen, fest in die vorgeformten Löcher drücken. Das zweite Eigelb verquirlen und die Brioches damit bestreichen, zugedeckt an einem warmen Ort noch 1 Std. gehen lassen.

4. Den Backofen vorheizen. Die Brioches im Ofen bei 200° (Mitte, Umluft 180°) 20–25 Min. backen.

Zubereitung: 1 Std.	Ruhezeit: 3 Std. 10 Min.
Backzeit: 25 Min.	Pro Scheibe ca.: 330 kcal

Für 1 Zopfkranzform von 32 cm Ø (24 Scheiben)
1 Würfel Hefe (42 g)
1 TL + 3 EL Zucker
250 ml lauwarme Milch
3 Eier
1 TL abgeriebene Zitronenschale
1 TL Anissamen
2 EL Anisschnaps (z.B. Ouzo, wer mag)
750 g Weizenmehl (Type 405)
125 g weiche Butter
1 EL Mandelblättchen
1 Eigelb
2 EL Hagelzucker
5 hart gekochte, gefärbte Eier
Mehl zum Arbeiten
Fett für die Form

Griechisches Osterbrot

1. Die Hefe zerbröckeln, mit 1 TL Zucker in der Hälfte der Milch glatt rühren. Zugedeckt 15 Min. ruhen lassen.

2. Die restliche Milch mit Eiern, Zitronenschale, Anis, 3 EL Zucker und – wer mag – dem Anisschnaps verrühren. Das Mehl in eine Schüssel sieben, mit der Hefemilch und der Eiermilch mischen. Die Butter hinzufügen und alles 10 Min. kneten. Bei Bedarf noch etwas Mehl hinzufügen. Die Schüssel mit Mehl ausstreuen. Den Teig zur Kugel formen und in der Schüssel zugedeckt an einem warmen Ort 2 Std. gehen lassen.

3. Die Backform fetten. Den Teig kurz durchkneten, in die Form drücken. Zugedeckt an einem warmen Ort noch 45 Min. gehen lassen.

4. Den Backofen vorheizen. Die Mandelblättchen in einer Pfanne ohne Fett kurz rösten. Das Osterbrot im Ofen bei 200° (Mitte, Umluft 180°) 35–45 Min. backen, den Ofen nicht abschalten. Das Brot auf ein Backblech stürzen und mit Eigelb bestreichen. Mit Mandelblättchen und Hagelzucker bestreuen. Die hart gekochten Eier in den heißen Kranz drücken. Im Ofen noch 5–10 Min. backen, bis der Kranz goldgelb glänzt.

Zubereitung: 50 Min.	Ruhezeit: 3 Std.
Backzeit: 55 Min.	Pro Scheibe ca.: 205 kcal

Georgisches Käsebrot

Für 1 Springform von 26 cm Ø
(12 Stück)
Für den Teig:
1 Würfel Hefe (42 g)
1 TL Zucker
500 g Weizenmehl (Type 550)
1 EL Salz
1/2 TL gemahlener Kümmel
125 ml lauwarme Milch
125 g weiche Butter
Für die Füllung:
1 rote Zwiebel
1 Knoblauchzehe
30 g weiche Butter
125 g Sahnequark
1 Ei (Größe L)
200 g weicher Camembert
125 g Feta
200 g mittelalter Gouda
Salz, Pfeffer aus der Mühle
1 Eigelb
Zum Bestreuen:
1 TL getrockneter Majoran
2 EL geschälte Sesamsaat
Mehl zum Arbeiten
Fett für die Form

Tipp

Dieses pikante Brot schmeckt am besten lauwarm aus dem Ofen. Sie können es jedoch schon frühzeitig backen und dann unmittelbar vor dem Servieren etwa 15 Min. im heißen Backofen bei 200° (Umluft 180°) aufwärmen.

1. Die Hefe zerbröckeln, mit dem Zucker und 125 ml lauwarmem Wasser glatt rühren. 15 Min. zugedeckt ruhen lassen.

2. Das Mehl mit Salz und Kümmel mischen. Mit dem Hefewasser, der lauwarmen Milch und der Butter 10 Min. kneten. Bei Bedarf noch etwas Mehl hinzufügen. Die Schüssel mit Mehl ausstreuen. Den Teig zur Kugel formen, in der Schüssel zugedeckt an einem warmen Ort 1 Std. gehen lassen.

3. Für die Füllung die Zwiebel und den Knoblauch abziehen, fein würfeln und in 1 EL Butter weich dünsten. Die restliche Butter mit dem Quark verrühren. Die abgekühlte Zwiebelmasse und das Ei unterziehen. Den Camembert entrinden und mit einer Gabel zerdrücken. Den Feta ebenfalls zerdrücken. Den Gouda entrinden und fein reiben. Die Käsesorten unter die Quarkmasse mischen. Mit Salz und Pfeffer abschmecken.

4. Die Backform fetten. Den Teig kurz durchkneten und auf einer bemehlten Arbeitsfläche zu einem gut 55–60 cm großen Kreis ausrollen. Den Teig in die Form legen und die Füllung in die Mitte häufen. Den Teig in möglichst feinen Falten über die Füllung legen, wobei sich die Teigenden in der Mitte treffen. Die Teigenden rund zusammendrücken. Das Brot zugedeckt an einem warmen Ort noch 30 Min. gehen lassen.

5. Den Backofen vorheizen. Das Eigelb mit wenig Wasser verrühren. Das Brot damit bestreichen, mit Majoran und Sesam bestreuen. Im Ofen bei 190° (Mitte, Umluft 170°) 55–65 Min. backen.

Varianten

Für die Füllung können Sie auch einen anderen Käse oder verschiedene andere Käsesorten verwenden. Je nachdem, ob Sie es lieber milder oder würziger mögen.
Sie können den Teig auch zu kleinen Kreisen ausrollen, mit der Käsecreme füllen und mit einem zweiten Teigkreis abdecken. Damit die Ränder gut zusammenkleben, 1 Eigelb oder Eiweiß mit wenig Wasser verrühren und die Ränder zuvor damit bestreichen. Die Backzeit für gefüllte Brötchen beträgt 20–25 Min.

Zubereitung: 1 Std. 15 Min.	Ruhezeit: 1 Std. 45 Min.
Backzeit: 1 Std. 5 Min.	Pro Stück ca.: 430 kcal

Indisches Fladenbrot

Für 14 Fladen
1 Würfel Hefe (42 g)
1 TL Zucker
1 TL Kreuzkümmel
1 TL Koriandersamen
1 TL Fenchelsamen
2 Frühlingszwiebeln
1 EL Öl
1 TL Kurkumapulver
250 g Weizenmehl (Type 550)
250 g Roggenmehl (Type 1150)
1 TL Salz
250 ml Ziegenmilch (ersatzweise Kuhmilch)
2 EL Reisessig (Su)
Mehl zum Arbeiten
Butterschmalz zum Backen

1. Die Hefe zerbröckeln, mit dem Zucker und 100 ml lauwarmem Wasser glatt rühren. 15 Min. zugedeckt ruhen lassen. Kreuzkümmel, Koriander- und Fenchelsamen in einer Pfanne ohne Fett rösten, abkühlen lassen und im Mörser zerstoßen. Die Frühlingszwiebeln putzen, waschen, die weißen und hellgrünen Teile fein würfeln. Im Öl weich dünsten, mit Kurkuma verrühren.

2. Die beiden Mehlsorten, Salz, geröstete Gewürze, Hefewasser, Milch und Reisessig 10 Min. kneten. Die Frühlingszwiebeln unterkneten. Bei Bedarf noch etwas Mehl hinzufügen. Die Schüssel mit Mehl ausstreuen. Den Teig zur Kugel formen und in der Schüssel zugedeckt an einem warmen Ort 1 Std. gehen lassen.

3. Den Teig in 14 Stücke gleicher Größe teilen und zu kleinen Kugeln formen. Noch 30 Min. zugedeckt gehen lassen.

4. Den Backofen vorheizen. Reichlich Butterschmalz in einer Pfanne erhitzen. Jede Teigkugel zu einem dünnen Fladen drücken und in der mittelheißen Pfanne von beiden Seiten in je 2–3 Min. goldgelb braten. Die Fladen im Backofen bei 100° warm halten.

Zubereitung: 45 Min.	Ruhezeit: 1 Std. 45 Min.
Backzeit pro Fladen: 3 Min.	Pro Stück ca.: 135 kcal

Feta-Fladen aus Zypern

Für 1 Brotfladen (12 Stück)
400 g Weizenmehl (Type 1050)
100 g Weizenbackschrot (Type 1700)
10 g Sauerteigpulver
1 Päckchen Trockenhefe
1 TL Zucker
1 EL Salz
8 Kalamata-Oliven
1 EL frische Thymianblättchen
200 g Feta
1 Eiweiß
Weizenbackschrot zum Bestreuen
Mehl zum Arbeiten
Fett fürs Blech

1. Das Mehl mit Backschrot, Sauerteigpulver, Trockenhefe, Zucker und Salz mischen und mit 400 ml lauwarmem Wasser 10 Min. kneten. Bei Bedarf noch etwas Mehl hinzufügen. Die Schüssel mit Mehl ausstreuen. Den Teig zur Kugel formen und in der Schüssel zugedeckt an einem warmen Ort 3 Std. gehen lassen.

2. Die Oliven entkernen und in schmale Streifen schneiden. Die Thymianblättchen hacken. Den Feta in sehr kleine Würfel schneiden, mit Oliven und Thymian mischen.

3. Ein Backblech fetten. Die Olivenmischung rasch unter den Teig kneten. Diesen zu einer Kugel formen und aufs Blech setzen. Zugedeckt an einem warmen Ort noch 1 Std. gehen lassen.

4. Den Backofen vorheizen. Das Eiweiß leicht anschlagen. Den Teig zu einem flachen Fladen drücken. Mit dem Eiweiß bestreichen und mit etwas Weizenschrot bestreuen. Im Backofen bei 230° (Mitte, Umluft 210°) 10 Min. backen. Die Temperatur auf 200° (Umluft 180°) reduzieren und das Brot in 15–20 Min. fertig backen.

Zubereitung: 45 Min.	Ruhezeit: 4 Std.
Backzeit: 30 Min.	Pro Portion ca.: 180 kcal

Für 1 Kastenform von 25 cm Länge (15 Scheiben)

250 g Weizenmehl (Type 550)
200 g Maisgrieß (Polenta)
10 g Sauerteigpulver
1 Päckchen Trockenhefe
1 TL Zucker
1 EL Meersalz
250 g lauwarmer Kefir
4 EL Olivenöl
1 kleine Dose Maiskörner (150 g Inhalt)
2 kleine rote Chilischoten
1 Eigelb
1 TL getrocknetes Koriandergrün zum Bestreuen
Mehl zum Arbeiten
Fett für die Form

Mexikanisches Chilibrot

1. Das Mehl mit Maisgrieß, Sauerteigpulver, Trockenhefe, Zucker und Salz mischen. Den lauwarmen Kefir und das Olivenöl hinzufügen und alles 10 Min. kneten. Bei Bedarf noch etwas Mehl hinzufügen. Die Schüssel mit Mehl ausstreuen. Den Teig zur Kugel formen und in der Schüssel zugedeckt an einem warmen Ort 1 Std. gehen lassen.

2. Die Backform fetten. Den Mais in einem Sieb gut abtropfen lassen. 2 EL beiseite stellen. Die Chilischoten längs halbieren, entkernen und fein hacken. Mit dem Mais rasch unter den Teig kneten und diesen in die Form setzen. Zugedeckt an einem warmen Ort noch 30 Min. gehen lassen.

3. Den Backofen vorheizen. Das Eigelb mit wenig Wasser verrühren. Die Teigoberfläche längs einschneiden und mit Eigelb bestreichen. Mit den zurückgelegten Maiskörnern und Koriandergrün bestreuen und beides leicht andrücken. Das Brot im Backofen bei 200° (Mitte, Umluft 180°) 30–35 Min. backen.

Zubereitung: 40 Min.	Ruhezeit: 1 Std. 30 Min.
Backzeit: 35 Min.	Pro Scheibe ca.: 150 kcal

Für 14 Stück

500 g Mehl (Type 550)
1/2 Würfel Hefe (21 g)
5 TL Zucker
250 ml Milch
50 g Butter
2 Eier
2 TL Salz
Mehl zum Arbeiten
Fett fürs Blech

Tipp

Die Bagels mit Eigelb bestreichen und nach Belieben mit grobem Salz, Mohnsamen, geschälter Sesamsaat, Kümmel oder Hagelzucker bestreuen.

Amerikanische Bagels

1. Das Mehl in eine Schüssel sieben, eine Mulde hineindrücken und die Hefe hineinbröckeln. Mit 1 TL Zucker, 4 EL lauwarmem Wasser und etwas Mehl vom Rand glatt rühren. Zugedeckt 10 Min. ruhen lassen.

2. Die Milch mit der Butter erwärmen, bis die Butter geschmolzen ist. Ein Ei trennen. Das Eigelb kühl stellen. Das Eiweiß mit dem zweiten Ei verquirlen. Mit der Milch, 2 TL Zucker und 1 TL Salz zum Mehl geben. Alle Zutaten 10 Min. kneten. Bei Bedarf noch etwas Mehl hinzufügen. Die Schüssel mit Mehl ausstreuen. Den Teig zur Kugel formen und in der Schüssel zugedeckt an einem warmen Ort 1 Std. gehen lassen.

3. Den Teig kurz durchkneten und in 14 Stücke gleicher Größe teilen. Jedes Teigstück um den Daumen zu einem Kringel formen. An den Enden gut zusammendrücken. Zugedeckt noch 15 Min. gehen lassen.

4. In einem großen Topf 3 Liter Wasser mit 1 TL Salz und 2 TL Zucker zum Kochen bringen. Den Backofen vorheizen. Zwei Backbleche fetten. Die Teiglinge nacheinander für knapp 1 Min. auf einer Schaumkelle in dem heißen, nicht mehr kochenden Wasser schwenken. Abtropfen lassen und auf die Bleche setzen. Mit Eigelb bestreichen. Nacheinander im Ofen bei 200° (Mitte, Umluft 180°) in jeweils 20–25 Min. goldgelb backen.

Zubereitung: 1 Std. 30 Min.	Ruhezeit: 1 Std. 25 Min.
Backzeit: 2 x 25 Min.	Pro Stück ca.: 180 kcal

Schwedisches Knäckebrot

Für 16 Stück
200 g Weizenvollkornmehl
200 g Roggenmehl (Type 815)
50 g Hafergrütze
1 TL Sauerteigpulver
1 1/2 TL Salz
1 TL Brotgewürz
50 g weiche Butter
1 EL Rübensirup
Backschrot zum Arbeiten (ersatzweise Kleie)
Fett fürs Blech

1. Die beiden Mehlsorten mit Hafergrütze, Sauerteigpulver, Salz und Brotgewürz mischen. Die Butter zerlassen, mit dem Rübensirup und 300 ml lauwarmem Wasser verrühren und zum Mehl geben. Alle Zutaten 10 Min. kneten. Bei Bedarf noch etwas Backschrot oder Kleie hinzufügen. Die Schüssel mit Backschrot ausstreuen. Den Teig zur Kugel formen und in der Schüssel zugedeckt an einem warmen Ort 1 Std. gehen lassen.

2. Zwei Backbleche fetten. Den Teig kurz durchkneten und auf bemehlter Arbeitsfläche oder zwischen Frischhaltefolie sehr dünn ausrollen.

3. Aus dem Teig 16 Rechtecke (14 x 6 cm) ausradeln oder ausschneiden oder aber 2 große runde Knäckebrote ausschneiden. Auf die Bleche setzen. Die Teigstücke mit einer Gabel gleichmäßig einstechen. Zugedeckt an einem warmen Ort noch 15 Min. gehen lassen.

4. Den Backofen vorheizen. Die Brote nacheinander bei 180° (Mitte, Umluft 160°) in jeweils 10–20 Min. knusprig backen.

Zubereitung: 40 Min.	Ruhezeit: 1 Std. 15 Min.
Backzeit: 2 x 20 Min.	Pro Stück ca.: 115 kcal

Tipp

Wenn das Knäckebrot besonders kernig sein soll, bestreuen Sie den Teig vor dem Backen mit einer Mischung aus Kürbiskernen, Sonnenblumenkernen und Sesam oder Leinsamen.

Sardisches Fladenbrot

Für 8 Fladen
1/2 Würfel Hefe (21 g)
1/2 TL Zucker
350 g Weizenmehl (Type 550)
150 g Maisgrieß (Polenta)
1 TL Salz
2 EL Öl
2 EL Olivenöl
Zum Bestreuen:
Salz, frische Rosmarinnadeln und Thymianblättchen
Mehl zum Arbeiten
Fett fürs Blech

1. Die Hefe zerbröckeln, mit Zucker und 125 ml lauwarmem Wasser glatt rühren. 15 Min. zugedeckt ruhen lassen.

2. Das Mehl mit Maisgrieß und Salz mischen. Mit dem Hefewasser, 100 ml lauwarmem Wasser und 2 EL Öl 10 Min. kneten. Bei Bedarf noch etwas Mehl hinzufügen. Die Schüssel mit Mehl ausstreuen. Den Teig zur Kugel formen und in der Schüssel zugedeckt an einem warmen Ort 45 Min. gehen lassen.

3. Den Backofen vorheizen. Zwei Backbleche fetten. Den Teig in 8 Stücke gleicher Größe teilen und auf bemehlter Arbeitsfläche oder zwischen Frischhaltefolie zu dünnen Fladen ausrollen und aufs Blech setzen. Die Fladen nacheinander im Ofen bei 240° (Mitte, Umluft 220°) in jeweils 3–5 Min. kross backen. Herausnehmen, sofort zwischen Küchenpapier legen und mit einem Topfdeckel oder einem Teller beschweren.

4. Die Fladen vor dem Servieren mit Olivenöl bestreichen und mit Salz und nach Belieben mit frischen Rosmarinnadeln und Thymianblättchen bestreuen und 2–3 Min. im heißen Backofen aufbacken.

Zubereitung: 1 Std.	Ruhezeit: 1 Std.
Backzeit: 2 x 8 Min.	Pro Stück ca.: 240 kcal

Spanisches Salamibrot

Für den Brotbackautomaten
(16 Scheiben)
50 g Butter
50 ml trockener Sherry
2 EL Olivenöl
250 g Weizenmehl (Type 550)
200 g Maisgrieß (Polenta)
1 Päckchen Trockenhefe
1 TL Salz
75 g Rosinen
100 g Manchego (spanischer Hartkäse)
100 g Salami in Scheiben
2 Eier + 2 Eigelbe
1 TL frische Thymianblättchen
grobes Meersalz zum Bestreuen

1. Die Butter zerlassen. Mit 250 ml lauwarmem Wasser, Sherry und Öl in die Backform des Brotbackautomaten geben. Das Mehl, Maisgrieß, Trockenhefe, Salz und Rosinen hinzufügen.

2. Den Käse raspeln. Die Salami in feine Streifen schneiden. Käse, Salami, Eier, 1 Eigelb und die Thymianblättchen zum Mehl geben. Beim Backautomaten die Einstellung » normal« wählen und ohne Timer backen.

3. Etwa 10 Min. vor Ende der Backzeit die Oberfläche des Brotes mit Eigelb bestreichen und mit Meersalz bestreuen. Das Brot in der Form 10 Min. abkühlen, dann auf einem Kuchengitter vollständig auskühlen lassen.

Zubereitung: 15 Min.	Einstellung: normal
kein Timer	Pro Scheibe ca.: 215 kcal

Elsässer Speckbrot

Für den Brotbackautomaten
(16 Scheiben)
250 g Frühstücksspeck
1 Zwiebel
1 EL frische Majoranblättchen
125 g Haselnusskerne
6 EL Haselnussöl (ersatzweise zerlassene Butter)
400 g Weizenmehl (Type 550)
100 g Weizenbackschrot (Type 1700)
1 TL Salz
1 Würfel Hefe (42 g)
1 TL Zucker
1 Eigelb
1 TL frische Rosmarinnadeln zum Bestreuen

1. Den Speck fein würfeln und bei milder Hitze in einer Pfanne knusprig braten. Herausnehmen und zwischen Küchenpapier entfetten. Die Zwiebel abziehen, fein würfeln und im Speckfett weich dünsten. Mit Speck und Majoran mischen. Die Haselnüsse in einer Pfanne ohne Fett rösten und mittelfein hacken. 4 EL beiseite stellen, den Rest unter die Speckmischung rühren.

2. 350 ml Wasser und das Öl in die Backform des Brotbackautomaten geben. Mehl, Schrot und Salz hinzufügen. Die Hefe hineinbröckeln, mit Zucker bestreuen. Beim Backautomaten die Einstellung »Kneten« wählen und den Teig herstellen lassen.

3. Kurz vor Ende der Knetphase die Speckmischung hinzufügen. Zum Backen die Einstellung »Weißbrot« wählen und ohne Timer backen.

4. Die Rosmarinnadeln hacken. Etwa 15 Min. vor Ende der Backzeit das Eigelb mit wenig Wasser verrühren und die Brotoberfläche damit bestreichen. Mit den gehackten Haselnüssen und den Rosmarinnadeln bestreuen und fertig backen. In der Form 10 Min. abkühlen, dann auf einem Kuchengitter auskühlen lassen.

Zubereitung: 20 Min.	Einstellung: Weißbrot
kein Timer	Pro Scheibe ca.: 280 kcal

Knusprige Brötchen

Die Muntermacher

Ein Sonntagmorgen ohne frisch gebackene knusprige Brötchen? – Da fehlt doch etwas! Kernige Vollkornbrötchen, köstliche Knusperstangen, leckere Brezeln oder Zöpfli – die Brötchenauswahl ist so groß, dass keine Eintönigkeit auf dem Frühstückstisch aufkommen kann. Die folgenden Rezeptideen für selbst gebackenes Kleingebäck reichen von körnigen Fitnessbrötchen über würzige Kräuterquarkbrötchen bis hin zu vitalstoffreichen Vollkornbrötchen. Damit starten Sie garantiert gut und gesund in den Tag.

Kaiserbrötchen

Für 15 Brötchen
500 g Mehl (Type 550)
1 Würfel Hefe (42 g), 1 TL Zucker
250 ml lauwarme Milch, 1 TL Salz
3 TL Butter
Mehl zum Arbeiten, Fett fürs Blech

1. Das Mehl in eine Schüssel sieben und eine Mulde hineindrücken. Die Hefe zerbröckeln, mit dem Zucker und etwas lauwarmer Milch in die Mulde geben, mit wenig Mehl verrühren und zugedeckt 10 Min. ruhen lassen. Die übrige Milch, 1 TL Butter und das Salz zum Vorteig geben und 10 Min. kneten. Bei Bedarf noch etwas Mehl hinzufügen. Die Schüssel mit Mehl ausstreuen. Den Teig zur Kugel formen und in der Schüssel zugedeckt an einem warmen Ort 45 Min. gehen lassen.

2. Ein Backblech fetten. Den Teig kurz durchkneten und daraus 15 runde Brötchen gleicher Größe formen. Aufs Blech setzen und zugedeckt an einem warmen Ort noch 30 Min. gehen lassen. Den Backofen vorheizen. Die Brötchen kreuzförmig einschneiden und im Ofen bei 200° (Mitte, Umluft 180°) 15–20 Min. backen. 2 TL Butter zerlassen, die Brötchen noch heiß damit bestreichen.

Zubereitung: 40 Min.	Ruhezeit: 1 Std. 25 Min.
Backzeit: 20 Min.	Pro Stück ca.: 180 kcal

Fitnessbrötchen

Für 15 Brötchen
250 g Roggenbackschrot (Type 1800) + 2 EL zum Bestreuen
250 g Dinkelmehl (Type 630)
15 g Sauerteigpulver
1 Päckchen Trockenhefe, 1 EL Salz
2 EL Rübensirup, 2 EL Apfelessig
370 g lauwarme Buttermilch, 1 Eiweiß
4 EL Sonnenblumenkerne zum Bestreuen
Mehl zum Arbeiten, Fett fürs Blech

1. Das Schrot mit Mehl, Sauerteigpulver, Trockenhefe, Salz, Rübensirup, Apfelessig und der lauwarmen Buttermilch 10 Min. kneten. Bei Bedarf noch etwas Mehl hinzufügen. Die Schüssel mit Mehl ausstreuen. Den Teig zur Kugel formen und in der Schüssel zugedeckt an einem warmen Ort 1 Std gehen lassen.

2. Ein Backblech fetten. Den Teig kurz durchkneten und daraus 15 dreieckige flache Brötchen formen. Aufs Blech setzen und zugedeckt an einem warmen Ort noch 45 Min. gehen lassen. Den Backofen vorheizen. Das Eiweiß mit wenig Wasser verrühren und die Brötchen damit bestreichen. Mit Backschrot und Sonnenblumenkernen bestreuen. Im Ofen bei 200° (Mitte, Umluft 180°) 20–25 Min. backen.

Zubereitung: 40 Min.	Ruhezeit: 1 Std. 45 Min.
Backzeit: 25 Min.	Pro Stück ca.: 135 kcal

Wasserweck

Für 8 Brötchen
500 g Weizenmehl (Type 550)
3/4 Würfel Hefe (30 g), 1 TL Zucker
1 TL Salz
Mehl zum Arbeiten
Fett fürs Blech

1. Das Mehl in eine Schüssel sieben und eine Mulde hineindrücken. Die Hefe zerbröckeln, mit Zucker und etwas lauwarmem Wasser in die Mulde geben, mit wenig Mehl verrühren und zugedeckt 10 Min. ruhen lassen. Dann mit 240 ml lauwarmem Wasser und Salz 10 Min. kneten. Bei Bedarf noch etwas Mehl hinzufügen. Die Schüssel mit Mehl ausstreuen. Den Teig zur Kugel formen und in der Schüssel zugedeckt an einem warmen Ort 2 Std. gehen lassen.

2. Ein Backblech fetten. Den Teig kurz durchkneten und in 16 Kugeln gleicher Größe teilen. Jeweils zwei Teigkugeln als Doppelbrötchen fest zusammendrücken und aufs Blech setzen. Zugedeckt noch 1 Std. gehen lassen. Den Backofen vorheizen. Die Doppelbrötchen jeweils längs einschneiden. Im Ofen bei 220° (Mitte, Umluft 200°) 15–25 Min. backen. Zwischendurch zwei- bis dreimal mit Salzwasser bestreichen oder besprühen.

Zubereitung: 40 Min.	Ruhezeit: 3 Std. 10 Min.
Backzeit: 25 Min.	Pro Stück ca.: 220 kcal

Kräuterquark-brötchen

Für 18 Brötchen
250 g Kräuterquark
400 g Weizenmehl (Type 550)
100 g Hafergrütze
1 Päckchen Backpulver, 1 TL Kräutersalz
75 g weiche Butter
3 EL Olivenöl
4 Eigelbe + 1 Eiweiß
1 EL Kräuter der Provence
Fett fürs Blech

1. Den Quark in einem Küchentuch ausdrücken. Mehl, Hafergrütze, Backpulver und Kräutersalz mischen. Mit dem Quark verkneten. Butter, Öl und 4 Eigelbe unterkneten.

2. Den Backofen vorheizen. Zwei Backbleche fetten. Aus dem Teig 18 ovale Brötchen formen und auf die Bleche setzen. Jedes Brötchen längs einschneiden. Das Eiweiß mit wenig Wasser verrühren, die Brötchen damit bestreichen und mit Kräutern bestreuen. Nacheinander im Ofen bei 200° (Mitte, Umluft 180°) jeweils 15–20 Min. backen.

Zubereitung: 35 Min.	
Backzeit: 2 x 20 Min.	Pro Stück ca.: 185 kcal

Kümmelstangen

Für 12 Stück
1 Würfel Hefe (42 g)
1 TL Zucker
500 g Weizenmehl (Type 405)
250 g Dinkelmehl (Type 630)
250 ml lauwarmes Bier (ersatzweise Buttermilch)
1 TL Salz
1 TL gemahlener Kümmel
1 Eiweiß
Zum Bestreuen:
Kümmel
grobes Meersalz
Mehl zum Arbeiten
Fett fürs Blech

1. Die Hefe zerbröckeln, mit dem Zucker und 125 ml lauwarmem Wasser glatt rühren. 15 Min. zugedeckt ruhen lassen.

2. Die beiden Mehlsorten mischen. Mit dem Hefewasser, Bier, Salz und Kümmel 10 Min. kneten. Bei Bedarf noch etwas Mehl hinzufügen. Die Schüssel mit Mehl ausstreuen. Den Teig zur Kugel formen und in der Schüssel zugedeckt an einem warmen Ort 1 Std. gehen lassen.

3. Ein Backblech fetten. Den Teig kurz durchkneten und halbieren. Jedes Teigstück auf bemehlter Arbeitsfläche oder zwischen Frischhaltefolie zu einem 15 x 36 cm großen Rechteck ausrollen. Jeweils in 6 etwa 6 cm breite Streifen schneiden und längs zu Stangen aufrollen. Die Brotstangen aufs Blech setzen und zugedeckt an einem warmen Ort noch 30 Min. gehen lassen.

4. Den Backofen vorheizen. Das Eiweiß mit wenig Wasser verrühren. Die Stangen damit bestreichen und mit Kümmel und Meersalz bestreuen. Im Ofen bei 200° (Mitte, Umluft 180°) 15–20 Min. backen.

Zubereitung: 1 Std.	Ruhezeit: 1 Std. 45 Min.
Backzeit: 20 Min.	Pro Stück ca.: 225 kcal

Mohnzöpfe

Für 8 Zöpfe
3/4 Würfel Hefe (30 g)
1 TL Zucker
65 g weiche Butter
175 ml lauwarme Milch
4 EL Milchpulver (ersatzweise Speisestärke)
1 TL Salz
1 EL Honig
650 g Weizenmehl (Type 405)
1 Eigelb
8 EL Mohnsamen zum Bestreuen
Mehl zum Arbeiten
Fett fürs Blech

1. Die Hefe zerbröckeln, mit dem Zucker und 125 ml lauwarmem Wasser glatt rühren. 15 Min. zugedeckt ruhen lassen.

2. Die Butter in der lauwarmen Milch zerlassen. Mit Milchpulver, Salz und Honig verrühren. Das Mehl in eine Schüssel sieben. Mit der Milchmischung und dem Hefewasser 10 Min. kneten. Bei Bedarf noch etwas Mehl hinzufügen. Die Schüssel mit Mehl ausstreuen. Den Teig zur Kugel formen und in der Schüssel zugedeckt an einem warmen Ort 45 Min. gehen lassen.

3. Ein Backblech fetten. Den Teig kurz durchkneten und in 8 Stücke gleicher Größe teilen. Jedes Teigstück zu 3 etwa 13 cm langen Strängen rollen und diese zu Zöpfen flechten. Aufs Blech legen und zugedeckt an einem warmen Ort noch 30 Min. gehen lassen.

4. Den Backofen vorheizen. Das Eigelb mit wenig Wasser verrühren. Die Zöpfe mit Eigelb bestreichen. Mit Mohnsamen bestreuen, diesen leicht andrücken. Im Ofen bei 200° (Mitte, Umluft 180°) 20–25 Min. backen.

Zubereitung: 50 Min.	Ruhezeit: 1 Std. 30 Min.
Backzeit: 25 Min.	Pro Stück ca.: 435 kcal

Für 14 Brötchen
200 g Butter
400 g + 2 EL Weizenmehl (Type 550)
100 g Weizenvollkornmehl
1 TL Salz
1 Würfel Hefe (42 g)
1 TL Zucker
100 g Schinkenspeck
2 EL Öl
2 Eigelbe
75 g Cheddar (englischer Schnittkäse) zum Bestreuen
Mehl zum Arbeiten
Fett fürs Blech

Varianten

Für Kräuter-Splitterbrötchen können Sie auch Kräuterbutter verwenden. Diese Brötchen vor dem Backen mit Eigelb bestreichen und zusätzlich mit frischen oder getrockneten Kräutern bestreuen.
Wenn Sie Vollkornbrötchen backen wollen, können Sie Weizen- oder Dinkelvollkornmehl verarbeiten. Kneten Sie dann jedoch etwas mehr Flüssigkeit unter den Teig.
Wer keinen Schinken mag, kann darauf verzichten. Bestreuen Sie die Splitterbrötchen dafür etwas dicker mit geriebenem Käse.
Freunde besonders würziger Käsebrötchen können zusätzlich zum Mehl 4 EL frisch geriebenen Parmesan und 1 TL gemahlener Schabzigerklee mit der Butter verkneten.

Schinken-Splitterbrötchen

1. Die Butter mit 2 EL Mehl verkneten, zu einem Block formen und in Alufolie wickeln. Im Kühlschrank fest werden lassen.

2. Beide Mehlsorten mit Salz mischen. Eine Mulde hineindrücken. Die Hefe hineinbröckeln, mit Zucker bestreuen und mit wenig lauwarmem Wasser und etwas Mehl glatt rühren. Zugedeckt 10 Min. ruhen lassen. Dann Mehl und Vorteig etwas verrühren.

3. Inzwischen den Schinkenspeck fein würfeln und im heißen Öl leicht knusprig braten. Abkühlen lassen. Dann mit 250 ml lauwarmem Wasser und dem Öl zur Mehlmischung geben und 10 Min. kneten. Bei Bedarf noch etwas Mehl hinzufügen. Die Schüssel mit Mehl ausstreuen. Den Teig zur Kugel formen und in der Schüssel zugedeckt an einem warmen Ort 40 Min. gehen lassen.

4. Die Mehl-Butter in dünne Scheiben schneiden. Den Teig auf bemehlter Arbeitsfläche oder zwischen Frischhaltefolie zu einem Rechteck (18 x 25 cm) ausrollen. Eine Hälfte mit den Butterscheiben belegen. Die zweite Teighälfte darüber klappen. Die drei offenen Seiten einschlagen, damit die Butter beim Ausrollen nicht auslaufen kann. Den Teig nun längs ausrollen, bis er etwa die doppelte Länge erreicht hat. Die beiden äußeren Drittel jeweils über das mittlere Drittel klappen. 20 Min. kühl stellen.

5. Den Teig erneut zur doppelten Länge ausrollen und wieder die äußeren Drittel über das mittlere schlagen. Weitere 20 Min. kühl stellen. Den Vorgang noch einmal wiederholen. 20 Min. kühl stellen.

6. Ein Backblech fetten. Den Teig zu einem etwa 56 x 30 cm großen Rechteck ausrollen. Längs zu einem 8 cm breiten, 56 cm langen Strang rollen. Mit der Naht nach unten auf die Arbeitsfläche legen und die Rolle leicht flach drücken. In 14 Stücke von 4 cm Länge schneiden. Diese so aufs Blech setzen, dass die Stücke nicht auf den Schnittflächen liegen. Die Brötchen zugedeckt 20 Min. ruhen lassen.

7. Den Backofen vorheizen. Die Eigelbe mit wenig Wasser verrühren. Die Brötchen mit der Hälfte des Eigelbs bestreichen. Im Ofen bei 200° (Mitte, Umluft 180°) 20–25 Min. backen.

8. Den Käse reiben. Etwa 8 Min. vor Ende der Backzeit die Brötchen mit dem restlichen Eigelb bestreichen und mit dem Käse bestreuen.

Tipps

Das Vollkornmehl verleiht den Splitterbrötchen ein besonders würziges Aroma. Sie können den Teig aber auch nur mit hellem Weizenmehl herstellen.
Zum Bestreuen eignen sich am besten Emmentaler, Gouda oder Edamer. Parmesan ist nicht geeignet, er verbrennt leicht.

Zubereitung: 1 Std. 15 Min.	Ruhezeit: 2 Std. 10 Min.
Backzeit: 25 Min.	Pro Stück ca.: 315 kcal

Curry-Pinien-Brötchen

Für 20 Brötchen
1 Würfel Hefe (42 g)
1 TL Zucker
150 g Pinienkerne
100 g Rosinen
100 g Parmesan
400 g Weizenmehl (Type 550)
100 g Maisgrieß (Polenta)
1 EL Salz
1/2 TL gemahlener Koriander
1 EL Currypulver
1 Prise Cayennepfeffer
6 EL Nussöl (ersatzweise Öl)
1 Eigelb
Koriandersamen zum Bestreuen
Mehl zum Arbeiten
Fett fürs Blech

1. Die Hefe zerbröckeln, mit dem Zucker und 125 ml lauwarmem Wasser glatt rühren. 15 Min. zugedeckt ruhen lassen.

2. Die Pinienkerne in einer Pfanne ohne Fett leicht rösten. Die Rosinen hacken. Den Parmesan fein reiben und mit Mehl, Maisgrieß, Salz, Koriander, Currypulver und Cayennepfeffer mischen. Mit dem Hefewasser, 125 ml lauwarmem Wasser und Öl 10 Min. kneten. Bei Bedarf noch etwas Mehl hinzufügen. Pinienkerne und Rosinen unterkneten. Die Schüssel mit Mehl ausstreuen. Den Teig zur Kugel formen, in der Schüssel zugedeckt an einem warmen Ort 1 Std. gehen lassen.

3. Ein Backblech fetten. Den Teig kurz durchkneten und daraus 20 ovale Brötchen formen. Aufs Blech setzen und zugedeckt an einem warmen Ort noch 30 Min. gehen lassen.

4. Den Backofen vorheizen. Die Brötchen längs einschneiden. Das Eigelb mit wenig Wasser verrühren. Die Brötchen damit bestreichen und mit Koriandersamen bestreuen. Im Ofen bei 210° (Mitte, Umluft 190°) 15–20 Min. backen.

Zubereitung: 50 Min.	Ruhezeit: 1 Std. 45 Min.
Backzeit: 20 Min.	Pro Stück ca.: 205 kcal

Räucherspeckfladen

Für 18 Fladen
300 g Weizenmehl (Type 1050)
200 g Roggenbackschrot (Type 1800)
15 g Sauerteigpulver
1 Päckchen Trockenhefe
1 TL Zucker
1 TL Salz
40 g weiches Schweineschmalz
200 g durchwachsener Räucherspeck
1 Zwiebel
1 Knoblauchzehe
1 TL getrockneter Majoran
schwarzer Pfeffer aus der Mühle
Mehl zum Arbeiten
Schweineschmalz fürs Blech

1. Die beiden Mehlsorten mit Sauerteigpulver, Trockenhefe, Zucker und Salz mischen. Mit Schmalz und 350 ml lauwarmem Wasser 10 Min. kneten. Bei Bedarf noch etwas Mehl dazugeben. Die Schüssel mit Mehl ausstreuen. Den Teig zur Kugel formen und in der Schüssel zugedeckt an einem warmen Ort 2 Std. gehen lassen.

2. Ein Backblech fetten. Den Speck fein würfeln und in einer Pfanne bei mittlerer Hitze auslassen. Die Zwiebel und den Knoblauch abziehen und fein würfeln. Zum Speck geben und weich dünsten. Zwischen Küchenpapier entfetten und mit Majoran und Pfeffer würzen.

3. Den Teig kurz durchkneten und daraus 18 runde Brötchen formen. Aufs Blech setzen, zu Fladen drücken und zugedeckt an einem warmen Ort noch 30 Min. gehen lassen.

4. Den Backofen vorheizen. Die Fladen mit feuchten Fingern in der Mitte leicht eindrücken und mit der Speckmasse füllen. Im Ofen bei 200° (Mitte, Umluft 180°) 20–25 Min. backen.

Zubereitung: 1 Std. 10 Min.	Ruhezeit: 2 Std. 30 Min.
Backzeit: 25 Min.	Pro Stück ca.: 170 kcal

Partyrose

Für 28 Brötchen
Für die Roggenbrötchen:
500 g Roggenmehl (Type 997)
15 g Sauerteigpulver
1 Päckchen Trockenhefe
1 TL Zucker
1 EL Salz
2 EL ÖL
2 EL Apfelessig
75 g Haselnusskerne
Für die Weizenbrötchen:
3/4 Würfel Hefe (30 g)
1 TL Zucker
200 g lauwarme Buttermilch
1 TL Salz
350 g Weizenmehl (Type 550)
1 EL Brotgewürz
4 EL Sechs-Korn-Schrot
1 Ei
Zum Bestreuen:
kernige Haferflocken, Kümmel, Mohnsamen, geschälte Sesamsaat, frische Rosmarinnadeln oder Kürbiskerne
Mehl zum Arbeiten
Fett fürs Blech

Tipp

Brotteig kann man hervorragend zu unterschiedlichen Figuren formen. Je nach Anlass können Sie aus den Teigen ein Huhn, ein Schwein, einen Fisch oder auch einen oder mehrere große Buchstaben formen.

1. Für die Roggenbrötchen das Mehl mit Sauerteigpulver, Trockenhefe, Zucker, Salz, Öl, Essig und 350 ml lauwarmem Wasser mischen und 10 Min. kneten. Bei Bedarf noch etwas Mehl zum Teig geben. Die Schüssel mit Mehl ausstreuen. Den Teig zur Kugel formen und in der Schüssel zugedeckt an einem warmen Ort 2 Std. gehen lassen.

2. Für die Weizenbrötchen die Hefe zerbröckeln, mit dem Zucker und etwas lauwarmer Buttermilch glatt rühren. Zugedeckt 15 Min. ruhen lassen.

3. Die Hefemilch, die restliche Buttermilch, Salz und Weizenmehl 10 Min. kneten. Bei Bedarf noch etwas Mehl hinzufügen. Den Teig halbieren. Eine Hälfte mit dem Brotgewürz, die andere Hälfte mit dem Sechs-Korn-Schrot verkneten. Den Schrot-Teig mit 2–3 EL lauwarmem Wasser verkneten. Zwei Schüsseln mit Mehl ausstreuen. Beide Teige jeweils zur Kugel formen und in den Schüsseln zugedeckt an einem warmen Ort 1 Std. gehen lassen.

4. Die Haselnüsse in einer Pfanne ohne Fett rösten, abkühlen lassen und grob hacken. Ein Backblech fetten. Die Haselnüsse unter den Roggenteig kneten. Die beiden hellen Teige ebenfalls kurz durchkneten.

5. Aus den Teigen insgesamt 28 kleine Brötchen – rund oder länglich oder schneckenförmig – oder kleine Zöpfe formen. Diese zu einem Kreis oder einer Traube dicht an dicht aufs Blech setzen. Zugedeckt an einem warmen Ort noch 1 Std. gehen lassen.

6. Den Backofen vorheizen. Das Ei mit wenig Wasser verrühren und die Brötchen damit bestreichen. Nach Belieben mit kernigen Haferflocken, Kümmel, Mohn, Sesam, Rosmarin und Kürbiskernen bestreuen. Im Ofen bei 200° (Mitte, Umluft 180°) 20–25 Min. backen.

Varianten

Diese Partybrötchen können Sie auch nur aus Roggenmehl oder Weizenmehl zubereiten.
Teilen Sie den Teig doch einmal in kleinere Portionen und arbeiten Sie gebratene Speckwürfel, geröstete Zwiebeln, getrocknete Kräuter der Provence, verschiedene Nüsse und Samen, Käse, gehackte, getrocknete Tomaten, gehackte Oliven oder Ähnliches ein. Dafür benötigen Sie von den »Extras« etwa 10 Prozent des Mehlgewichts oder nach Belieben auch mehr. Also beispielsweise 40 g Nüsse oder Samen auf etwa 350 g Mehl.

Zubereitung: 1 Std. 15 Min.	Ruhezeit: 3 Std.
Backzeit: 25 Min.	Pro Stück ca.: 135 kcal

Laugengebäck

Für 30 Stück
1 Würfel Hefe (42 g)
1 TL Zucker
40 g + 1 TL Butter
500 g Weizenmehl (Type 550)
250 g Weizenmehl (Type 1050)
1 EL Salz
50 g Natron
50 g Schinkenspeck
1 Zwiebel
1 TL frische Thymianblättchen
2 Eiweiße
Zum Bestreuen:
Kürbiskerne, Sonnenblumenkerne, geschälte Sesamsaat, Mohnsamen, Kümmel, grobes Meersalz oder geraspelter Käse
Mehl zum Arbeiten
Fett fürs Blech

Tipp

Dieses beliebte Partygebäck können Sie sehr gut mit oder ohne Samen, Käse und Zwiebeln vorbacken (etwa 10 Min.) und dann lauwarm möglichst luftdicht verpackt in Gefrierbeuteln oder Gefrierfolie einfrieren. Vor dem Servieren leicht antauen lassen und im heißen Backofen bei 200° (Mitte, Umluft 180°) fertig backen.

1. Die Hefe zerbröckeln, mit dem Zucker und 100 ml lauwarmem Wasser glatt rühren. 15 Min. zugedeckt ruhen lassen. 40 g Butter zerlassen.

2. Die beiden Mehlsorten mit dem Salz mischen. Mit dem Hefewasser, 300 ml lauwarmem Wasser und der Butter 10 Min. kneten. Bei Bedarf noch etwas Mehl hinzufügen. Die Schüssel mit Mehl ausstreuen. Den Teig zur Kugel formen und in der Schüssel zugedeckt an einem warmen Ort 1 Std. gehen lassen.

3. Zwei Backbleche fetten. Den Teig kurz durchkneten und daraus nach Belieben kleine Knoten, Brötchen, Brezeln, Spiralen, Stangen und Zöpfe formen. Die Teiglinge auf bemehlter Arbeitsfläche oder einem bemehlten Holzbrett zugedeckt an einem warmen Ort noch 30 Min. gehen lassen.

4. Etwa 1,5 l Wasser zum Kochen bringen. Den Topf vom Herd nehmen und das Natron einrieseln lassen. Vorsicht, es schäumt! Die Teiglinge – am besten mit einer Teigkarte – einzeln auf einen Schaumlöffel setzen und nacheinander für etwa 10 Sek. in der Lauge schwenken. Gut abtropfen lassen und auf die Bleche setzen. Zugedeckt noch 15 Min. gehen lassen.

5. Den Backofen vorheizen. Den Schinkenspeck fein würfeln und in einer Pfanne bei mittlerer Hitze auslassen. Die Zwiebel abziehen und fein würfeln. Mit 1 TL Butter zum Speck geben und weich dünsten. Mit den Thymianblättchen würzen.

6. Die Eiweiße mit wenig Wasser und etwas Salz verrühren. Brötchen kreuzweise, Brezeln am dicken Teil einschneiden. Stangen ein- oder mehrmals längs einschneiden, je nach Länge. Alle Teiglinge mit Eiweiß bestreichen.

7. Stangen mit der Zwiebelmasse belegen, die anderen Teiglinge nach Geschmack mit Kürbiskernen, Sonnenblumenkernen, Sesam, Mohn, Kümmel, Salz oder geraspeltem Käse bestreuen und leicht andrücken. Im Ofen nacheinander bei 200° (Mitte, Umluft 180°) jeweils 15–25 Min. backen.

Varianten

Sie können für dieses Partygebäck auch nur helles Weizenmehl (Type 405 oder 550) verwenden.
Wer es lieber vollwertig mag, verwendet dunkleres Weizen- oder Dinkelmehl. In dem Fall allerdings etwas mehr Wasser unterkneten.
Je nach Verwendungszweck können aus dem Teig auch größere Brezeln, Stangen, Knoten und Spiralen hergestellt werden.

Zubereitung: 1 Std. 45 Min.	Ruhezeit: 2 Std.
Backzeit: 2 x 25 Min.	Pro Stück ca.: 110 kcal

Butterhörnchen

Für 15 Hörnchen
1 Würfel Hefe (42 g)
1 TL Zucker
125 ml lauwarme Milch + 3 EL zum Bestreichen
500 g Weizenmehl (Type 550)
1 TL Salz
175 g weiche Butter + 3 EL zum Bestreichen
1 Ei
Mehl zum Arbeiten
Fett fürs Blech

1. Die Hefe zerbröckeln, mit dem Zucker und der lauwarmen Milch glatt rühren. Zugedeckt 15 Min. ruhen lassen.

2. Mehl und Salz mischen und mit der Hefemilch, etwa 125 g Butter und dem Ei verkneten. Bei Bedarf noch etwas Mehl hinzufügen. Die Schüssel mit Mehl ausstreuen. Den Teig zur Kugel formen und in der Schüssel zugedeckt an einem warmen Ort 1 Std. gehen lassen.

3. Ein Backblech fetten. Den Teig kurz durchkneten und auf bemehlter Arbeitsfläche oder zwischen Frischhaltefolie ausrollen. 15 Dreiecke gleicher Größe ausschneiden. Die Dreiecke dünn mit Butter bestreichen, aufrollen, zu Hörnchen formen und aufs Blech setzen. Zugedeckt an einem warmen Ort 30 Min. gehen lassen.

4. Den Backofen vorheizen. Die Hörnchen mit Milch bestreichen. Im Ofen bei 200° (Mitte, Umluft 180°)15 –20 Min. backen. Die noch heißen Hörnchen mehrmals mit Butter bestreichen.

Zubereitung: 45 Min.	Ruhezeit: 1 Std. 45 Min.
Backzeit: 20 Min.	Pro Stück ca.: 215 kcal

Burgerbrötchen

Für 8 Brötchen
1/2 Würfel Hefe (21 g)
1 TL Zucker
40 g Butter
350 g Weizenmehl (Type 405)
3 EL Milchpulver (ersatzweise Speisestärke)
1 TL Salz
1 Ei
3 EL Kondensmilch
geschälte Sesamsaat zum Bestreuen
Mehl zum Arbeiten
Fett fürs Blech

1. Die Hefe zerbröckeln, mit dem Zucker und 90 ml lauwarmem Wasser glatt rühren. 15 Min. zugedeckt ruhen lassen. Die Butter zerlassen.

2. Das Mehl mit Milchpulver und dem Salz mischen. Mit dem Hefewasser, 90 ml lauwarmem Wasser, Butter und dem Ei 10 Min. kneten. Bei Bedarf noch etwas Mehl hinzufügen. Die Schüssel mit Mehl ausstreuen. Den Teig zur Kugel formen und in der Schüssel zugedeckt an einem warmen Ort 2 Std. gehen lassen.

3. Ein Backblech fetten. Den Teig kurz durchkneten und daraus 8 runde Brötchen formen. Aufs Blech setzen und zugedeckt an einem warmen Ort noch 1 Std. gehen lassen.

4. Den Backofen vorheizen. Die Brötchen mit Kondensmilch bestreichen und mit Sesam bestreuen. Im Ofen bei 200° (Mitte, Umluft 180°) 20–25 Min. backen.

Zubereitung: 40 Min.	Ruhezeit: 3 Std. 15 Min.
Backzeit: 25 Min.	Pro Stück ca.: 135 kcal

Zwiebelbrötchen

Für 16 Brötchen
1 Würfel Hefe (42 g)
1 TL Zucker
100 g Schinkenspeck
2 Zwiebeln
2 Knoblauchzehen
20 g weiches Schweineschmalz
4 EL gehacktes Selleriegrün (ersatzweise Petersilie)
250 g Weizenmehl (Type 550)
250 g Dinkelmehl (Type 630)
1 TL Salz
1 Eigelb
1 EL Kümmel zum Bestreuen
Mehl zum Arbeiten
Schweineschmalz fürs Blech

1. Die Hefe zerbröckeln, mit dem Zucker und 125 ml lauwarmem Wasser glatt rühren. 15 Min. zugedeckt ruhen lassen. Den Fettrand vom Schinken entfernen und sehr klein würfeln. Den Schinken ebenfalls fein würfeln. Zwiebeln und Knoblauch abziehen und klein schneiden. Die Fettwürfel in einer Pfanne bei mittlerer Hitze auslassen. Zwiebeln und Knoblauch darin glasig dünsten. Schweineschmalz, Schinkenwürfeln und Selleriegrün unterrühren, die Pfanne vom Herd nehmen.

2. Beide Mehlsorten mit dem Salz mischen. Mit dem Hefewasser und 125 ml lauwarmem Wasser 10 Min. kneten. Bei Bedarf noch etwas Mehl hinzufügen. Die Schüssel mit Mehl ausstreuen. Den Teig zur Kugel formen und in der Schüssel zugedeckt an einem warmen Ort 1 Std. gehen lassen.

3. Ein Backblech fetten. Die Speckmischung unter den Teig kneten und daraus 16 längliche Brötchen gleicher Größe formen. Aufs Blech setzen und zugedeckt an einem warmen Ort noch 30 Min. gehen lassen.

4. Den Backofen vorheizen. Die Brötchen längs einschneiden, mit Eigelb bestreichen und mit Kümmel bestreuen. Im Ofen bei 200° (Mitte, Umluft 180°) 15–20 Min. backen.

Zubereitung: 40 Min.	Ruhezeit: 1 Std. 15 Min.
Backzeit: 20 Min.	Pro Stück ca.: 160 kcal

Holzfällerbrötchen

Für 1 Springform von 30 cm Ø (25 Stück)
300 g Weizenmehl (Type 1050)
100 g Sechs-Korn-Schrot
50 g Hafergrütze
1 EL Salz
1 TL Zucker
1 TL Anissamen
1 TL Fenchelsamen
1 Päckchen Trockenhefe
200 g lauwarme Buttermilch
1 Beutel flüssiger Natursauerteig (150 g)
2 EL Rübensiurp
2 EL Öl
1 Eiweiß
Zum Bestreuen:
kernige Haferflocken, Mohnsamen und Sonnenblumenkerne
Mehl zum Arbeiten
Fett für die Form

1. Das Mehl mit Schrot und Hafergrütze sowie mit Salz, Zucker, Anis, Fenchel und Trockenhefe mischen. Mit der lauwarmen Buttermilch verrühren. Den Vorteig zugedeckt 20 Min. ruhen lassen. Währenddessen den Beutel mit dem Sauerteig 15 Min. in warmes Wasser legen.

2. Sauerteig, Rübensirup und Öl zum Vorteig geben, 10 Min. kneten. Bei Bedarf noch etwas Mehl hinzufügen. Die Schüssel mit Mehl ausstreuen. Den Teig zur Kugel formen und in der Schüssel zugedeckt an einem warmen Ort 2 Std. gehen lassen.

3. Die Backform fetten. Den Teig kurz durchkneten und daraus 25 kleine runde Brötchen formen. In die Form setzen und zugedeckt an einem warmen Ort noch 45 Min. gehen lassen.

4. Den Backofen vorheizen. Das Eiweiß mit etwas Wasser verrühren. Die Brötchen damit bestreichen und kreisförmig dick mit Haferflocken, Mohn und Sonnenblumenkernen bestreuen. Im Ofen bei 200° (Mitte, Umluft 180°) 20–25 Min. backen.

Zubereitung: 1 Std.	Ruhezeit: 3 Std. 5 Min.
Backzeit: 25 Min.	Pro Stück ca.: 90 kcal

Für 12 Stück
300 g Weizenmehl (Type 550)
200 g Roggenmehl (Type 815)
1 1/2 TL Salz
10 g Sauerteigpulver
1 TL Zucker
500 g kalte Butter
220 ml Eiswasser
1 Eigelb
Zum Bestreuen:
2 EL geschälte Sesamsaat
2 EL Mohnsamen
3 EL geraspelter Käse
Mehl zum Arbeiten
Fett fürs Blech

Hinweis

Für das Eiswasser etwa 200 ml kaltes Wasser mit vielen Eiswürfeln 5 Min. kühlen. Am besten durch ein Sieb abgießen, abmessen und verwenden.

Tipps

Verwenden Sie für den Blätterteig besser keine cremig aufgeschlagene Butter, sondern lieber einfache Molkereibutter.
Die Brotstangen schmecken am besten ganz frisch aus dem Ofen. Am nächsten Tag sind sie meist nicht mehr kross. In diesem Fall hilft es, sie vor dem Servieren 10 Min. im Backofen bei 190° aufzubacken.

Knusperstangen

1. Die beiden Mehlsorten mit Salz, Sauerteigpulver und Zucker mischen. Die kalte Butter in kleinen Flöckchen hinzufügen und mit der Mehlmischung krümelig kneten. Das Eiswasser nach und nach hinzufügen. Es sollten dabei kleine Butterstückchen erhalten bleiben. Den Teig zu einer Kugel formen, in Frischhaltefolie wickeln und 30 Min. kühl stellen.

2. Damit der Teig schön blättrig aufgeht, wird er sechsmal in gleicher Weise bearbeitet: Den Teig zu einem etwa 40 x 20 cm großen Rechteck ausrollen. Das überschüssige Mehl mit einem Backpinsel entfernen. Die beiden äußeren Drittel über das mittlere Drittel klappen. Den Teig in Frischhaltefolie einschlagen und zugedeckt 20 Min. kühl stellen. Vor dem nächsten Ausrollen die Teigplatte um 90° drehen. Zu einem Rechteck von 50 x 30 cm ausrollen, das Mehl mit dem Backpinsel entfernen und die äußeren Teigdrittel über die Mitte klappen. 20 Min. kalt stellen.

3. Diese beschriebenen Arbeitsschritte abwechselnd noch je zweimal wiederholen. Dazwischen jeweils 20 Min. kühl stellen. Nach dem sechsten Zusammenklappen allerdings nicht nur 20 Min., sondern 45 Min. kühl stellen.

4. Ein Backblech fetten. Den Teig auf bemehlter Arbeitsfläche zu einem 50 x 36 cm großen Rechteck ausrollen, die Ränder gerade schneiden. Die Teigplatte längs halbieren, so dass 2 etwa 25 cm breite Teigstreifen entstehen. Jeden Teigstreifen in 12 Streifen gleicher Breite schneiden.

5. Die Teigstreifen etwas in die Länge ziehen, und jeweils 2 Streifen spiralförmig zu einer Knusperstange verdrehen und auf das Blech legen. Zugedeckt bei Zimmertemperatur 45 Min. gehen lassen.

6. Den Backofen vorheizen. Das Eigelb mit wenig Wasser verrühren und die Spiralen damit bestreichen. Die Spiralen jeweils in einem Drittel mit Sesam und mit Mohn bestreuen, ein Drittel bleibt unbestreut. Im Ofen bei 210° (Mitte, Umluft 190°) 20 Min. backen.

7. Das freie Drittel der Spiralen mit etwas Eigelb bestreichen und mit Käse bestreuen. Die Knusperstangen weitere 5–10 Min. backen.

Varianten

Noch zarter wird das Gebäck, wenn Sie nur Weizenmehl (Type 550 oder 405) verwenden.
Sie können die Stangen ganz nach Belieben und Geschmack auch mit Sonnenblumenkernen, gerösteten Zwiebeln, getrockneten oder frischen Kräutern bestreuen.

Zubereitung: 2 Std. 30 Min.	Ruhezeit: 3 Std. 40 Min.
Backzeit: 30 Min.	Pro Stück ca.: 485 kcal

Haferzöpfli

Für 14 Zöpfe
3/4 Würfel Hefe (30 g)
1 TL Zucker
250 ml lauwarme Milch
40 g Butter
200 g Weizenmehl (Type 550)
100 g Hafergrütze
200 g kernige Haferflocken
1 EL Salz
1 Eigelb
kernige Haferflocken zum Bestreuen
Mehl zum Arbeiten
Fett fürs Blech

1. Die Hefe zerbröckeln, mit dem Zucker und 125 ml lauwarmer Milch glatt rühren. Zugedeckt 15 Min. ruhen lassen. Die Butter zerlassen.

2. Das Mehl, Hafergrütze, Haferflocken und Salz mischen. Mit der Hefemilch, 125 ml lauwarmer Milch und der Butter 10 Min. kneten. Bei Bedarf noch etwas Mehl hinzufügen. Die Schüssel mit Mehl ausstreuen. Den Teig zur Kugel formen und in der Schüssel zugedeckt an einem warmen Ort 1 Std. gehen lassen.

3. Ein Backblech fetten. Den Backofen vorheizen. Den Teig kurz durchkneten und in 14 Stücke gleicher Größe teilen. Aus jedem Teigstück 3 Stränge gleicher Länge und Dicke rollen. Diese jeweils zu Zöpfen flechten und aufs Blech setzen. Zugedeckt an einem warmen Ort noch 45 Min. gehen lassen.

4. Das Eigelb mit wenig Wasser verrühren. Die Zöpfli damit bestreichen und mit den Haferflocken bestreuen. Im Ofen bei 200° (Mitte, Umluft 180°) 20–25 Min. backen.

Zubereitung: 50 Min.	Ruhezeit: 2 Std.
Backzeit: 25 Min.	Pro Stück ca.: 170 kcal

Röggelchen

Für 15 Brötchen
Am Vortag:
50 g Sauerteig vom Bäcker
500 g Roggenmehl (Type 997)
1 EL Salz
Am Backtag:
3/4 Würfel Hefe (30 g)
1 TL Zucker
2 EL Rübensirup
1 EL Apfelessig
2 EL Öl
Roggenvollkornschrot zum Bestreuen
Mehl zum Arbeiten
Fett fürs Blech

1. Am Vortag den Sauerteig vom Bäcker rechtzeitig aus dem Kühlschrank nehmen, damit er bis zur Verwendung Zimmertemperatur erreicht. Das Mehl mit dem Salz mischen. Nach und nach 200 ml kochendes Wasser unter Rühren – am besten mit einem Holzlöffelstiel oder einer Gabel – angießen. Das gebrühte, krümelige Mehl auf Zimmertemperatur abkühlen lassen. Dann den Sauerteig mit dem gebrühten Mehl verkneten. In einer Schüssel in einer Plastiktüte an einem warmen Ort 12 Std. gehen lassen.

2. Am Backtag die Hefe zerbröckeln, mit dem Zucker und 6 EL lauwarmem Wasser glatt rühren. Zugedeckt 15 Min. ruhen lassen.

3. Das Hefewasser, Rübensirup, Essig und Öl zum Teig geben und 10 Min. kneten. Bei Bedarf noch Mehl oder Wasser zugeben. Die Schüssel mit Mehl ausstreuen. Den Teig zur Kugel formen und in der Schüssel zugedeckt an einem warmen Ort 2 Std. gehen lassen.

4. Ein Backblech fetten. Den Backofen vorheizen. Den Teig kurz durchkneten und daraus 15 längliche Brötchen gleicher Größe formen. Aufs Blech setzen und zugedeckt an einem warmen Ort noch 45 Min. gehen lassen. Anschließend mit etwas lauwarmem Wasser glatt streichen, längs einschneiden und mit Schrot bestreuen. Im Ofen bei 200° (Mitte, Umluft 180°) 20–25 Min. backen.

Zubereitung: 50 Min.	Ruhezeit: 12 Std. + 3 Std.
Backzeit: 25 Min.	Pro Stück ca.: 135 kcal

Dinkelschnecken

Für 15 Stück
1 Würfel Hefe (42 g)
1 TL Honig
125 ml lauwarme Milch
500 g Dinkelmehl (Type 630)
1 EL Salz
1 Eigelb
Grünkernschrot zum Bestreuen
Dinkelmehl zum Arbeiten
Fett fürs Blech

1. Die Hefe zerbröckeln, mit dem Honig und der lauwarmen Milch glatt rühren. Zugedeckt 15 Min. ruhen lassen.

2. Das Mehl mit Salz mischen. Mit der Hefemilch und 125 ml lauwarmem Wasser 10 Min. kneten. Bei Bedarf noch etwas Mehl hinzufügen. Die Schüssel mit Mehl ausstreuen. Den Teig zur Kugel formen und in der Schüssel zugedeckt an einem warmen Ort 1 Std. gehen lassen.

3. Ein Backblech fetten. Den Backofen vorheizen. Den Teig kurz durchkneten und daraus 15 Rollen von 15–18 cm Länge formen. Die Teigstränge zu Schnecken rollen und aufs Blech setzen. Zugedeckt an einem warmen Ort noch 45 Min. gehen lassen.

4. Das Eigelb mit wenig Wasser verrühren. Die Brötchen damit bestreichen und mit Grünkernschrot bestreuen. Im Ofen bei 200 ° (Mitte, Umluft 180°) 20–25 Min. backen.

Zubereitung: 1 Std.	Ruhezeit: 2 Std.
Backzeit: 25 Min.	Pro Stück ca.: 125 kcal

Grünkernknoten

Für 15 Stück
4 EL Grünkern
1 Würfel Hefe (42 g)
1 TL Zucker
250 g Dinkelmehl (Type 630)
250 g Grünkernschrot
125 ml lauwarmer Apfelsaft
2 EL Apfelessig
1 säuerlicher Apfel
50 g gehackte Mandeln
1 Eiweiß
Mehl zum Arbeiten
Fett fürs Blech

1. Die Grünkernkörner in reichlich Wasser einmal aufkochen lassen. Vom Herd nehmen und zugedeckt ausquellen lassen. Die Hefe zerbröckeln, mit dem Zucker und 125 ml lauwarmem Wasser glatt rühren. Zugedeckt 15 Min. ruhen lassen.

2. Das Mehl mit dem Schrot mischen. Mit dem Hefewasser, Apfelsaft und Apfelessig 10 Min. kneten. Bei Bedarf noch etwas Mehl hinzufügen. Die Schüssel mit Mehl ausstreuen. Den Teig zur Kugel formen und in der Schüssel zugedeckt an einem warmen Ort 1 Std. gehen lassen.

3. Den Grünkern in ein Sieb abgießen, abtropfen lassen. Den Apfel schälen und mittelfein raspeln. Die Mandeln in einer Pfanne ohne Fett leicht rösten. Ein Backblech fetten. Apfel und Mandeln rasch unter den Teig kneten. Den Teig in 15 Stücke gleicher Größe teilen und jeweils zu einem 12–15 cm langen Strang rollen. Zu Knoten formen und aufs Blech setzen. Zugedeckt noch 1 Std. gehen lassen.

4. Den Backofen vorheizen. Das Eiweiß mit etwas Wasser verrühren und die Knoten damit bestreichen. Im Ofen bei 200° (Mitte, Umluft 180°) 20–25 Min. backen.

Zubereitung: 50 Min.	Ruhezeit: 2 Std. 15 Min.
Backzeit: 25 Min.	Pro Stück ca.: 150 kcal

Für 16 Brötchen
AmVortag:
125 g Weizenkörner
Am Backtag:
125 g Roggenbackschrot (Type 1800)
250 g Weizenvollkornmehl
1 EL Salz
1 TL Zucker
1 EL Brotgewürz
15 g Sauerteigpulver
1 Päckchen Trockenhefe
2 EL Öl
2 EL Apfelessig
1 EL Zuckercouleur
kernige Haferflocken zum Bestreuen
Weizenvollkornmehl zum Arbeiten
Fett fürs Blech

Tipps

Teige aus Vollkornmehl sind schwerer zu verarbeiten als Teige aus hellem Mehl. Wenn Sie eine leistungsstarke Küchenmaschine besitzen, können Sie den Teig auch von der Maschine kneten lassen. Zum Schluss ist allerdings dennoch Handarbeit notwendig.
Auch im Brotbackautomaten können Sie die Teige kneten lassen, wenn sie nicht zu schwer sind. Darin herrscht auch die richtige Wärme zum lockeren Aufgehen. Danach den Teig nur kurz noch einmal von Hand kneten und zu Brötchen formen.

Vollkornbrötchen

1. Am Vortag die Weizenkörner in 750 ml kaltem Wasser einweichen.

2. Am Backtag die Weizenkörner im Einweichwasser einmal aufkochen lassen und zugedeckt 30 Min. ausquellen lassen. Anschließend in ein Sieb abgießen und gut abtropfen lassen. Oder in ein Geschirrtuch geben und leicht ausdrücken.

3. Roggenbackschrot und Weizenvollkornmehl, Salz, Zucker, Brotgewürz, Sauerteigpulver und Trockenhefe mischen. Die Weizenkörner, 325 ml lauwarmes Wasser, Öl, Essig und Zuckercouleur zur Mehlmischung geben. Alle Zutaten 10 Min. kneten. Bei Bedarf noch etwas Mehl hinzufügen. Die Schüssel mit Mehl ausstreuen. Den Teig zur Kugel formen und in der Schüssel zugedeckt an einem warmen Ort 2 Std. gehen lassen.

4. Ein Backblech fetten und dünn mit Weizenvollkornmehl bestreuen. Den Teig kurz durchkneten und in 16 Stücke gleicher Größe teilen. Aus den Teigstücken dreieckige Brötchen formen und aufs Blech setzen. Zugedeckt an einem warmen Ort noch 45 Min. gehen lassen.

5. Den Backofen vorheizen. Die Hände mit lauwarmem Wasser befeuchten und die Oberfläche der Brötchen damit glatt streichen. Anschließend großzügig mit den kernigen Haferflocken bestreuen, diese leicht andrücken. Die Brötchen im Ofen bei 200° (Mitte, Umluft 180°) 20–25 Min. backen.

Varianten

Feinporiger werden die Vollkornbrötchen, wenn sie statt mit Schrot und Korn entweder aus einer Mehrkornmischung und Roggenvollkorn- bzw. Dinkelvollkornmehl oder auch nur aus Vollkornmehl – Weizen, Roggen oder Dinkel – gebacken werden.
Wenn Sie Roggenmehl verwenden, ist Sauerteig als Treibmittel unerlässlich. Bei anderen Mehlsorten reichen 2 Päckchen Trockenhefe oder 1 Würfel frische Hefe.
Sie können auch Leinsamen, Sesam, grob gehackte Haselnüsse, Walnüsse, Sonnenblumenkerne oder Kürbiskerne unter den Teig kneten.

Zubereitung: 50 Min.	Ruhezeit: 12 Std. + 3 Std.
Backzeit: 25 Min.	Pro Stück ca.: 115 kcal

Süße Brote und Brötchen

Locker und lecker

Fast alle, die Süßes lieben, lassen sich auch gerne von luftig leichten, zuckersüßen Brötchen verführen. Ob zum Frühstück oder einfach zwischendurch, das Angebot ist verlockend. Probieren Sie mal, wie zart erst das Gebäck aus der eigenen Backstube schmeckt. Servieren Sie gefüllten Hefekranz zum Sonntagsbrunch. Testen Sie das Rezept für die kernigen Müslibrötchen. Bieten Sie Gästen doch einmal dünne Brotstangen, aromatisiert mit Orangen und gerösteten Pinienkernen, zum Latte Macchiato oder zum Glas Wein an.

Safranzopf

Für 1 Zopf (18 Scheiben)
1 Würfel Hefe (42 g), 1 TL Zucker
400 ml lauwarme Milch
1 Döschen Safranpulver (0,1 g)
2 Eier + 2 Eigelbe, 100 g weiche Butter
1 TL Salz, 75 g Zucker, 1 TL abgeriebene Zitronenschale
1 Päckchen Vanillezucker, 1 kg Weizenmehl (Type 405)
Mehl zum Arbeiten, Fett fürs Blech

1. Die Hefe zerbröckeln, mit Zucker und 200 ml Milch glatt rühren. 15 Min. ruhen lassen. Safranpulver in 200 ml warmer Milch auflösen. 2 Eier verquirlen. Mit Hefemilch, Safranmilch, Butter, Salz, Zucker, Zitronenschale, Vanillezucker und Mehl 10 Min. kneten. Zugedeckt 1 Std. ruhen lassen.

2. Ein Backblech fetten. Den Teig kurz durchkneten. Ein Drittel des Teiges beiseite stellen. Den Rest zu 3 Strängen rollen und daraus einen Zopf flechten. Aufs Blech setzen. Den restlichen Teig zu einem kleineren Zopf flechten. Den großen Zopf mit Eigelb bestreichen. Den kleineren Zopf aufsetzen und ebenfalls bestreichen. Zugedeckt 45 Min. gehen lassen. Dann den Backofen vorheizen. Den Doppelzopf erneut mit Eigelb bestreichen und im Ofen bei 200° (Mitte, Umluft 180°) 50–60 Min. backen.

Zubereitung: 1 Std.	Ruhezeit: 2 Std.
Backzeit: 1 Std.	Pro Scheibe ca.: 295 kcal

Rosinenbrot

Für 1 Kastenform von 30 cm Länge (18 Scheiben)
100 g Rohrzucker, 300 g Honig
200 g + 1 EL Butter
1 TL abgeriebene Orangenschale
6 EL Orangenlikör (ersatzweise Orangensaft)
200 g Rosinen
350 g Weizenmehl (Type 550)
200 g Grünkernmehl, 1 Päckchen Backpulver
4 Eier
100 ml Orangensaft, 2 EL Zucker
1/2 TL Speisestärke
Butter und Grieß für die Form

1. Zucker und Honig erwärmen, bis der Zucker gelöst ist. 200 g Butter, Orangenschale, Likör und Rosinen hinzufügen. Beide Mehlsorten, Backpulver, Eier und die Honigmischung gut verrühren. Den Backofen vorheizen. Die Backform fetten und mit Grieß ausstreuen. Den Teig in die Form geben und im Ofen bei 190° (Mitte, Umluft 170°) 60–70 Min. backen. Auskühlen lassen.

2. Den Orangensaft mit 1 EL Butter und Zucker zum Kochen bringen. Speisestärke mit 1 EL kaltem Wasser glatt rühren und im heißen Saft einmal aufkochen lassen. Das Brot mit der Hälfte davon bestreichen. Sobald der Guss angetrocknet ist, den Vorgang wiederholen.

Zubereitung: 50 Min.	
Backzeit: 1 Std. 10 Min.	Pro Scheibe ca.: 345 kcal

Mandelhörnchen

Für 20 Hörnchen
1 Würfel Hefe (42 g), 1 TL Zucker
375 g Weizenmehl (Type 550)
125 g Hafergrütze
300 ml Ayran (ersatzweise Buttermilch)
1 TL Salz, 45 g Zucker
30 g Mandelmus (ersatzweise Butter)
100 g gehackte Mandeln
2 EL Mandelöl (ersatzweise Butter)
2 Eigelbe, 5 EL Mandelblättchen
Mehl zum Arbeiten, Fett fürs Blech

1. Die Hefe zerbröckeln, mit Zucker und 6 EL lauwarmem Wasser glatt rühren. Zugedeckt 15 Min. ruhen lassen. Mehl und Hafergrütze mischen. Mit dem Hefewasser, Ayran, Salz, Zucker, Mandelmus, Mandeln und Öl 10 Min. kneten. Den Teig zur Kugel formen und zugedeckt 1 Std. gehen lassen.

2. Ein Backblech fetten. Den Teig kurz durchkneten und daraus 20 Hörnchen formen. Aufs Blech setzen und zugedeckt 45 Min. gehen lassen. Den Backofen vorheizen. Die Eigelbe mit wenig Wasser verrühren. Die Hörnchen damit bestreichen, mit Mandelblättchen bestreuen. Im Ofen bei 200° (Mitte, Umluft 180°) 20–25 Min. backen.

Zubereitung: 55 Min.	Ruhezeit: 2 Std.
Backzeit: 25 Min.	Pro Stück ca.: 185 kcal

Süße Brotstangen

Für 16 Stück
150 g Rosinen, 125 ml Grappa (ersatzweise Apfelsaft)
40 g Pinienkerne, 1/2 Würfel Hefe (21 g)
1 TL Orangenblütenhonig (ersatzweise Zucker)
1 TL Salz, 45 g Zucker
100 ml lauwarmer Orangensaft
1 TL abgeriebene Orangenschale, 4 EL Olivenöl
500 g Weizenmehl (Type 550)
Puderzucker und Kakao zum Bestäuben
Mehl zum Arbeiten, Fett fürs Blech

1. Rosinen hacken, 1 Std. im Grappa einweichen. Pinienkerne hacken. Hefe zerbröckeln, mit Honig und 75 ml lauwarmem Wasser glatt rühren. Zugedeckt 15 Min. ruhen lassen. Dann mit Rosinen, Grappa, Pinienkernen, Salz, Zucker, lauwarmem Orangensaft, Orangenschale, Öl und Mehl 10 Min. kneten. Den Teig zur Kugel formen und zugedeckt an einem warmen Ort 2 Std. gehen lassen.

2. Ein Backblech fetten. Den Teig kurz durchkneten und daraus 16 dünne, backblechlange Stangen formen. Aufs Blech legen, zugedeckt 30 Min. ruhen lassen. Den Backofen vorheizen. Die Stangen bei 190° (Mitte, Umluft 170°) 15–18 Min. backen. Lauwarm mit Puderzucker und Kakao bestäuben.

Zubereitung: 70 Min.	Ruhezeit: 3 Std. 30 Min.
Backzeit: 18 Min.	Pro Stück ca.: 210 kcal

Müslibrötchen

Für 16 Brötchen
1/2 Würfel Hefe (21 g)
1 TL + 2 EL Zucker
250 g lauwarme Buttermilch
50 g Haselnusskerne
250 g Weizenmehl (Type 1050)
200 g Müsli
30 g Butter
1 Ei + 1 Eigelb
Zum Bestreuen:
kernige Haferflocken
Mohnsamen
Mehl zum Arbeiten
Fett fürs Blech

1. Die Hefe zerbröckeln, mit 1 TL Zucker und der Hälfte der lauwarmen Buttermilch glatt rühren. Zugedeckt 15 Min. ruhen lassen.

2. Die Haselnüsse in einer Pfanne ohne Fett rösten und grob hacken. Mit Mehl und Müsli mischen. Die Butter in Flöckchen auf den Mehlrand setzen. Mit der Hefemilch, Buttermilch, 2 EL Zucker und dem Ei 10 Min. kneten. Bei Bedarf noch etwas Mehl hinzufügen. Die Schüssel mit Mehl ausstreuen. Den Teig zur Kugel formen und in der Schüssel zugedeckt an einem warmen Ort 1 Std. gehen lassen.

3. Ein Backblech fetten. Den Teig kurz durchkneten und daraus 16 runde Brötchen formen. Aufs Blech setzen und zugedeckt noch 30 Min. ruhen lassen.

4. Den Backofen vorheizen. Das Eigelb mit wenig Wasser verrühren und die Brötchen damit bestreichen. Mit kernigen Haferflocken und Mohn bestreuen, leicht andrücken. Im Ofen bei 200° (Mitte, Umluft 180°) 20–25 Min. backen.

Zubereitung: 1 Std.	Ruhezeit: 1 Std. 45 Min.
Backzeit: 25 Min.	Pro Stück ca.: 155 kcal

Cranberry-Apfel-Brötchen

Für 16 Brötchen
75 g getrocknete Cranberries
250 g Weizenmehl (Type 550)
250 g Dinkelmehl (Type 630)
1/2 TL Sauerteigpulver
1 Päckchen Trockenhefe
4 EL Zucker
1 säuerlicher Apfel
250 ml lauwarme Milch
50 g + 3 EL weiche Butter
2 EL feiner Zucker
1/2 TL Zimt
Mehl zum Arbeiten
Fett fürs Blech

1. Die Cranberries kurz mit heißem Wasser abbrausen und gut abtropfen lassen. Die beiden Mehlsorten mit Sauerteigpulver, Trockenhefe und Zucker mischen. Den Apfel schälen und zur Mehlmischung raspeln. Mit den Cranberries, der lauwarmen Milch und 50 g Butter gründlich verkneten. Bei Bedarf noch etwas Mehl hinzufügen. Die Schüssel mit Mehl ausstreuen. Den Teig zur Kugel formen und in der Schüssel zugedeckt an einem warmen Ort 1 Std. gehen lassen.

2. Ein Backblech fetten. Den Teig kurz durchkneten und daraus 16 längliche Brötchen formen. Aufs Blech setzen und zugedeckt noch 45 Min. gehen lasen.

3. Den Backofen vorheizen. Die Brötchen längs mit einem Messer einschneiden. Im Ofen bei 200° (Mitte, Umluft 180°) 20–25 Min. backen.

4. Den feinen Zucker mit Zimt mischen. Die restliche Butter zerlassen. Die noch heißen Brötchen sofort damit bestreichen und mit dem Zimt-Zucker bestreuen.

Zubereitung: 1 Std.	Ruhezeit: 1 Std. 45 Min.
Backzeit: 25 Min.	Pro Stück ca.: 195 kcal

Gefüllter Hefekranz

Für 1 Brotkranz (18 Scheiben)
Für den Teig:
500 g Weizenmehl (Type 405)
250 g Weizenmehl (Type 1050)
1 Würfel Hefe (42 g), 1 TL Zucker
375 ml lauwarme Milch
100 g weiche Butter
75 g Zucker
1/2 TL Salz
1 Päckchen Vanillezucker
1/2 TL abgeriebene Zitronenschale
Für die Füllungen:
300 g Marzipanrohmasse
125 g Sahne
50 g gemahlener Mohn
2 EL Honig
1 EL Butter
1 Msp. abgeriebene Zitronenschale
50 g geschälte, ungesalzene Pistazien
3 EL Mandellikör (ersatzweise Milch)
100 g weiche getrocknete Aprikosen
3 EL Apricot Brandy (ersatzweise Aprikosennektar oder Orangensaft)
1 Eigelb
4 EL Mandelblättchen
Puderzucker zum Bestäuben
Mehl zum Arbeiten
Fett fürs Blech

Tipp

Sie können statt eines Kranzes auch einen dicken Zopf flechten und backen.

1. Die Mehlsorten mischen. Eine Mulde hineindrücken. Die Hefe hineinbröckeln, mit 1 TL Zucker bestreuen und mit etwas lauwarmer Milch und ein wenig Mehl glatt rühren. Zugedeckt 10 Min. ruhen lassen.

2. Die restliche lauwarme Milch, Butter, 75 g Zucker, Salz, Vanillezucker und Zitronenschale hinzufügen und alle Zutaten 10 Min. kneten. Bei Bedarf noch etwas Mehl hinzufügen. Die Schüssel mit Mehl ausstreuen. Den Teig zur Kugel formen und in der Schüssel zugedeckt an einem warmen Ort 1 Std. gehen lassen.

3. Inzwischen die drei Füllungen zubereiten. Die Marzipanrohmasse fein raspeln. Die Sahne zum Kochen bringen. Den Mohn damit übergießen und quellen lassen. Falls er die Sahne nicht vollständig aufsaugt, den Rest abgießen. Die Mohnmasse mit Honig, Butter, etwas geriebener Zitronenschale und 100 g Marzipan glatt rühren.

4. Die Pistazienkerne im Mörser fein zerreiben. Mit Mandellikör und 100 g Marzipanrohmasse glatt rühren. Die Aprikosen klein würfeln, mit Apricot Brandy pürieren und mit den restlichen 100 g Marzipanrohmasse verrühren.

5. Ein Backblech fetten. Den Teig kurz durchkneten und in 3 Portionen teilen. Jede Teigportion auf bemehlter Arbeitsfläche zu einem etwa 35 x 10 cm großen Streifen ausrollen. Jeden Streifen mit einer anderen Füllung bestreichen, dabei rundum einen Rand lassen und diesen dünn mit lauwarmem Wasser bestreichen. Jeden Streifen zu einem 35 cm breiten Strang aufrollen. Aus diesen 3 Strängen einen Zopf flechten. Aufs Blech legen und zu einem Kranz biegen. Zugedeckt 45 Min. gehen lassen.

6. Den Backofen vorheizen. Den Kranz mit Eigelb bestreichen. Mit Mandelblättchen bestreuen. Im Ofen bei 200° (Mitte, Umluft 180°) 40–50 Min. backen. Auf einem Kuchengitter vollständig auskühlen lassen und dünn mit etwas gesiebtem Puderzucker bestäuben.

Varianten

Sie können für den Teig auch nur eine Mehlsorte verwenden.
Statt mit 3 Füllungen können Sie den Kranz auch ungefüllt oder nur mit einer oder zwei verschiedenen Marzipancremes füllen. Bedenken Sie, dass Sie die Zutatenmengen entsprechend anpassen müssen, wenn Sie nur eine oder zwei unterschiedliche Füllungen zubereiten.
Eine nette Idee für den Ostertisch: Überziehen Sie den gebackenen Kranz mit einer Glasur aus Puderzucker und Zitronensaft, die Sie mit grüner Speisefarbe färben. Färben Sie Marzipan ebenfalls grün ein, und drücken Sie es durch die Kartoffelpresse auf den Kranz, so dass kleine »Grasnester« entstehen. Verzieren Sie diese mit kleinen bunten Ostereiern und Schoko-Osternestern. Das Innere des Kranzes können Sie zudem mit Ostereiern füllen.

Zubereitung: 1 Std. 15 Min.
Ruhezeit: 1 Std. 55 Min.
Backzeit: 50 Min.
Pro Scheibe ca.: 390 kcal

Erdnusshörnchen

Für 12 Hörnchen
100 g + 2 EL Butter
250 g Magerquark
125 ml Milch
50 ml Erdnussöl
1/2 TL Salz
5 EL Zucker
1 Ei + 2 Eigelbe
500 g Weizenmehl (Type 1050)
1 Päckchen Backpulver
50 g ungesalzene Erdnüsse
25 g gesalzene Erdnüsse
2 EL Honig
Mehl zum Arbeiten
Fett fürs Blech

1. 100 g Butter zerlassen. Den Quark in einem Geschirrtuch leicht ausdrücken und abtropfen lassen. Mit Milch, Butter, Öl, Salz, Zucker und dem Ei cremig rühren. Mehl und Backpulver darüber sieben und alles zu einem glatten Teig verkneten. Bei Bedarf noch etwas Mehl hinzufügen.

2. Die Erdnüsse mischen und mittelfein hacken. Ein Backblech fetten. Den Teig auf bemehlter Arbeitsfläche zu einem 24 x 36 cm großen Rechteck ausrollen und 12 Dreiecke gleicher Größe ausradeln.

3. Den Backofen vorheizen. Die beiden Eigelbe mit etwas Wasser verrühren und die Dreiecke dünn damit bestreichen. Mit etwa der Hälfte der Erdnüsse bestreuen, diese leicht andrücken. Die Dreiecke von der breiten Seite her aufrollen und zu Hörnchen biegen.

4. Die Hörnchen aufs Blech setzen, mit dem restlichen Eigelb bestreichen und mit Nüssen bestreuen. Im Ofen bei 200° (Mitte, Umluft 180°) 15–20 Min. backen. Honig und 2 EL Butter leicht erwärmen und die noch heißen Hörnchen damit bestreichen.

Zubereitung: 1 Std.
Backzeit: 20 Min.
Pro Stück ca.: 360 kcal

Schokobrötchen

Für 16 Brötchen
1 Würfel Hefe (42 g), 1 TL Zucker
175 ml lauwarme Milch
400 g Weizenmehl (Type 405)
100 g gemahlene Mandeln
1/2 TL Salz
100 g Butter
50 g Zucker
1 Ei + 2 Eigelbe
16 TL Nussnugataufstrich (entspricht etwa 3/4 Glas)
Hagelzucker zum Bestreuen
Kakao zum Bestäuben
Mehl zum Arbeiten
Fett fürs Blech

Tipp

Sie können diese Brötchen auch in einer Muffinform oder in stabilen Papierförmchen backen.

1. Die Hefe zerbröckeln, mit 1 TL Zucker und 75 ml lauwarmer Milch glatt rühren. Zugedeckt 15 Min. ruhen lassen.

2. Mehl, Mandeln und Salz mischen. Mit der Butter, der Hefemilch, 100 ml lauwarmer Milch, Zucker und dem Ei 10 Min. kneten. Bei Bedarf noch etwas Mehl hinzufügen. Die Schüssel mit Mehl ausstreuen. Den Teig zur Kugel formen und in der Schüssel zugedeckt an einem warmen Ort 45 Min. gehen lassen.

3. Ein Backblech fetten. Den Teig kurz durchkneten und in 16 Stücke gleicher Größe teilen. Jedes Teigstück ein wenig flach drücken, je 1 TL Nussnugatcreme in die Mitte setzen und den Teig darüber gut zusammendrücken. Die Brötchen mit der glatten Seite oben aufs Blech setzen und zugedeckt noch 30 Min. gehen lassen.

4. Den Backofen vorheizen. Die Eigelbe mit etwas Wasser verquirlen. Die Brötchen damit bestreichen und mit Hagelzucker bestreuen. Im Ofen bei 200° (Mitte, Umluft 180°) 15–20 Min. backen. Noch heiß dünn mit Kakao bestäuben.

Zubereitung: 1 Std.
Backzeit: 20 Min.
Ruhezeit: 1 Std. 30 Min.
Pro Stück ca.: 265 kcal

Früchtebrot

Für 1 ovale Brotbackform von 32 cm Länge (18 Scheiben)

Für den Teig:

400 g Roggenmehl (Type 1370)
100 g Weizenmehl (Type 1050)
15 g Sauerteigpulver
2 EL Zucker, 1 TL Salz
2 TL Lebkuchengewürz
1 TL Zimt
2 EL Nussöl (ersatzweise Öl)
2 EL Apfelessig
4 EL Rübensirup

Für die Füllung:

100 g Rosinen
125 g getrocknete Feigen
125 g getrocknete Datteln
125 g getrocknete Pflaumen ohne Stein
100 g Orangeat
100 g Walnusskerne
100 g Haselnusskerne
50 g ungesalzene Pistazien
1 TL Speisestärke
Mehl zum Arbeiten
Butter und Backpapier für die Form

Hinweis

Für Brotbäcker gibt es jetzt eine tolle Alternative zur Königskuchenform: Im Handel werden ovale antihaftbeschichtete Brotbackformen für 750-g-Brote angeboten, in denen sogar Sauerteigbrote problemlos gelingen.

1. Die beiden Mehlsorten mit Sauerteigpulver, Zucker, Salz, Lebkuchengewürz und Zimt mischen. Mit Öl, Essig, Sirup und 370 ml lauwarmem Wasser 10 Min. kneten. Bei Bedarf noch etwas Mehl hinzufügen. Die Schüssel mit Mehl ausstreuen. Den Teig zur Kugel formen und in der Schüssel zugedeckt an einem warmen Ort 2 Std. gehen lassen.

2. Für die Füllung die Rosinen heiß abbrausen und gut abtropfen lassen. Von den Feigen den harten Stiel entfernen, die Datteln entkernen. Feigen, Datteln und Pflaumen je nach Größe dritteln oder vierteln. Rosinen, Feigen, Datteln, Pflaumen und Orangeat mischen.

3. Die Walnüsse und die Haselnüsse in einer Pfanne ohne Fett leicht rösten. Zwischen zwei Lagen Küchenpapier hin und her rollen, um die braune Haut etwas zu entfernen. Die Nüsse und die Pistazien grob hacken und zur Früchtemischung geben. Mit wenig Mehl bestäuben.

4. Die Backform dick fetten. Die Füllung unter den Teig kneten und diesen in die Form legen. Zugedeckt noch 45 Min. gehen lassen.

5. Den Backofen vorheizen. Das Früchtebrot im Ofen bei 180° (Mitte, Umluft 160°) 65–75 Min. backen. Das Brot auf ein Kuchengitter stürzen, das Backpapier abziehen.

6. 125 ml Wasser zum Kochen bringen. Die Speisestärke mit wenig kaltem Wasser glatt rühren, ins kochende Wasser einrühren und einmal aufkochen lassen. Das noch heiße Früchtebrot mit der Stärkelösung bestreichen und vollständig auskühlen lassen.

Varianten

Für die Füllung können Sie auch andere Trockenfrüchte verwenden. Gut schmeckt zum Beispiel eine Mischung aus getrockneten Birnen, Dörräpfeln und getrockneten Aprikosen.
Anstelle von Walnüssen, Haselnüssen und Pistazien schmeckt auch eine Nussmischung aus Mandeln, Pinienkernen und Pecannüssen sehr gut.
Wenn Sie ein rundes Früchtebrot backen möchten, legen Sie einen Tortenring oder den Ring einer Springform um den Teig auf dem Backblech.

Tipp

Das ausgekühlte Früchtebrot am besten luftdicht in Alufolie wickeln und mindestens 2 Tage in einem kühlen Raum ruhen lassen. Dadurch kann es sein Aroma optimal entwickeln.

Zubereitung: 1 Std. 10 Min.	Ruhezeit: 2 Std. 45 Min.
Backzeit: 1 Std. 15 Min.	Pro Scheibe ca.: 295 kcal

Marzipanschnecken

Für 1 Springform von 28 cm Ø
(14 Stück)
Für den Teig:
3/4 Würfel Hefe (30 g)
1 TL Zucker
125 ml lauwarme Milch
500 g Weizenmehl (Type 550)
1 TL Salz
2 Eier
100 g weiche Butter
50 g Rohrzucker
Für die Füllung:
1 Ei
200 g Marzipanrohmasse
1 EL Orangensaft
14 ganze geschälte Mandeln
Mehl zum Arbeiten
Fett für die Form

Tipp

Diese süßen Brötchen können Sie auch in einer rechteckigen oder quadratischen Form backen. Wichtig ist, dass die Teigscheiben dicht beieinander liegen und sich beim Aufgehen berühren.

1. Die Hefe zerbröckeln, mit dem Zucker und der lauwarmen Milch glatt rühren. Zugedeckt 15 Min. ruhen lassen.

2. Das Mehl mit Salz mischen. Mit der Hefemilch und den Eiern 10 Min. kneten. Bei Bedarf noch etwas Mehl hinzufügen. Den Teig auf bemehlter Arbeitsfläche zu einem etwa 25 x 35 cm großen Rechteck ausrollen. Die Teigplatte bis auf einen rundum gleichmäßigen Rand mit der weichen Butter bestreichen und mit Rohrzucker bestreuen. Die beiden äußeren Teigdrittel über das mittlere Teigdrittel klappen. Den Teig in Frischhaltefolie wickeln und 45 Min. kühl stellen.

3. Den Teig um 90° drehen und noch einmal zu einem etwa 25 x 35 cm großen Rechteck ausrollen. Die beiden äußeren Teigdrittel über das mittlere Teigdrittel klappen. Den Teig in Frischhaltefolie wickeln und noch einmal 30 Min. kühl stellen.

4. Die Backform fetten. Das Ei trennen, das Eigelb zugedeckt kühl stellen. Für die Füllung die Marzipanrohmasse mit dem Eiweiß und etwas Orangensaft cremig rühren. Den Teig wiederum um 90° drehen und etwa 30 x 42 cm groß ausrollen. Die Teigplatte mit der Marzipancreme bestreichen, dabei rundum einen 1 cm breiten Rand lassen. Diesen mit etwas Wasser betupfen. Den Teig von der breiten Seite her aufrollen.

5. Die etwa 42 cm breite Rolle in 14 Stücke schneiden. Diese mit den Schnittflächen nach unten dicht nebeneinander in die Form setzen. Zugedeckt bei Zimmertemperatur noch 45 Min. gehen lassen.

6. Den Backofen vorheizen. Das Eigelb mit wenig Wasser verrühren. Die Teigoberfläche damit bestreichen und in die Mitte jeder Schnecke eine Mandel stecken. Im Ofen bei 200° (Mitte, Umluft 180°) 30–40 Min. backen.

Varianten

Sie können auch einen klassischen Hefeteig aus 500 g Mehl, 30 g frischer Hefe, 1 TL Zucker, 1/2 TL Salz, 250 ml lauwarmer Milch, etwas Öl oder flüssiger Butter herstellen. Den ausgerollten Teig mit weicher Butter oder Doppelrahmfrischkäse bestreichen und mit Zucker und/oder gehackten Mandeln oder Rosinen bestreuen und aufrollen.

Zubereitung: 1 Std. 15 Min.
Ruhezeit: 2 Std. 15 Min.
Backzeit: 40 Min.
Pro Scheibe ca.: 290 kcal

ROSTFREI

Neujahrsbrezel

Für 1 große oder 8 kleine Brezeln
Für den Teig:
350 g Weizenmehl (Type 550)
1/2 Würfel Hefe (21 g)
1 TL + 4 EL Zucker
100 ml lauwarme Milch
50 g Butter, Salz
1/2 TL Anispulver
1/2 TL Zimt
1/2 TL Macis (Muskatblüte)
1 Ei
75 g Crème fraîche
Mehl zum Arbeiten
Fett fürs Blech

Tipp

Für den Guss 4 EL Zucker in einer Pfanne erhitzen, bis er karamellisiert. 2 EL Honig und 2 EL Butter einrühren und die Brezel damit bestreichen.

1. Das Mehl in eine Schüssel sieben. Eine Mulde hineindrücken. Die Hefe hineinbröckeln, mit 1 TL Zucker bestreuen und mit 50 ml lauwarmer Milch und etwas Mehl glatt rühren. Zugedeckt 10 Min. ruhen lassen. Die Butter zerlassen.

2. Den Vorteig mit Mehl verrühren. 50 ml Milch, Salz, 4 EL Zucker, Anis, Zimt, Macis, Butter, Ei und Crème fraîche hinzufügen und alles 10 Min. kneten. Bei Bedarf noch etwas Mehl hinzufügen Den Teig zur Kugel formen und in der Schüssel zugedeckt an einem warmen Ort 45 Min. gehen lassen.

3. Ein Backblech fetten. Den Teig kurz durchkneten und in 3 Stücke gleicher Größe teilen. Jedes Teigstück auf bemehlter Arbeitsfläche zu einer etwa 50 cm langen Rolle formen. Diese sollten an den Enden etwas dünner sein als in der Mitte. Die 3 Stränge zu einem Zopf flechten. Aufs Blech legen und dabei eine Brezel formen. Zugedeckt noch 30 Min. gehen lassen.

4. Den Backofen vorheizen. Die Brezel mit etwas lauwarmem Wasser bestreichen und im Ofen bei 200° (Mitte, Umluft 180°) 20–25 Min. backen.

Zubereitung: 50 Min.	Ruhezeit: 1 Std. 25 Min.
Backzeit: 25 Min.	Pro Portion ca.: 350 kcal

Süße Mäuse

Für 10 Stück
3/4 Würfel Hefe (30 g)
1 TL Zucker
100 ml lauwarme Milch
400 g Weizenmehl (Type 550)
100 g zarte Haferflocken
125 g lauwarme Sahne
50 g weiche Butter
2 EL Honig
1 Ei + 1 Eigelb
20 Rosinen
Puderzucker zum Bestäuben
Mehl zum Arbeiten
Fett fürs Blech

1. Die Hefe zerbröckeln, mit dem Zucker und der lauwarmen Milch glatt rühren. Zugedeckt 15 Min. ruhen lassen.

2. Das Mehl und die Haferflocken mischen. Mit der Hefemilch, der lauwarmen Sahne, Butter, Honig und 1 Ei 10 Min. kneten. Bei Bedarf noch etwas Mehl hinzufügen. Die Schüssel mit Mehl ausstreuen. Den Teig zur Kugel formen und in der Schüssel zugedeckt an einem warmen Ort 45 Min. gehen lassen.

3. Ein Backblech fetten. Den Teig kurz durchkneten und in 10 Stücke gleicher Größe teilen. Aus jedem Teigstück eine Maus mit rundem Körper und spitz zulaufendem Kopf formen. Aus Teigresten dünne Schwänze rollen und mit etwas Eigelb an den Körper »kleben«. Mit einer kleinen Schere oben am Kopf zweimal einschneiden und die so entstandenen Ohren nach oben ziehen. Die Rosinen mit etwas Eigelb bestreichen und als Augen andrücken. Die Mäuse auf dem Blech zugedeckt noch 30 Min. gehen lassen.

4. Den Backofen vorheizen. Die Mäuse mit Eigelb bestreichen. Im Ofen bei 200° (Mitte, Umluft 180°) 20–25 Min. backen. Abkühlen lassen und mit Puderzucker bestäuben.

Zubereitung: 1 Std.	Ruhezeit: 1 Std. 30 Min.
Backzeit: 25 Min.	Pro Stück ca.: 265 kcal

Dinkel-Aprikosen-Brötchen

Für 6 Brötchen
1/2 Würfel Hefe (21 g)
1 TL Zucker
200 ml lauwarme Milch
100 g + 2 weiche getrocknete Aprikosen
4 EL Orangensaft
300 g Dinkelmehl (Type 630)
50 g Grünkernschrot
1/4 TL Salz
50 g weiche Butter
4 EL Rohrzucker
3 EL Aprikosenkonfitüre
Mehl zum Arbeiten
Fett fürs Blech

1. Die Hefe zerbröckeln, mit dem Zucker und 100 ml lauwarmer Milch glatt rühren. Zugedeckt 15 Min. ruhen lassen. Die Aprikosen klein würfeln, mit dem Orangensaft mischen und etwas quellen lassen.

2. Das Mehl mit Grünkernschrot und Salz mischen. Die Butter in Flöckchen auf den Rand setzen. Mit der Hefemilch, 100 ml lauwarmer Milch und dem Rohrzucker 10 Min. kneten. Die Schüssel mit Mehl ausstreuen. Den Teig zur Kugel formen und in der Schüssel zugedeckt an einem warmen Ort 1 Std. gehen lassen.

3. Ein Backblech fetten. Die Aprikosenwürfel abtropfen lassen, rasch unter den Teig kneten und daraus 6 längliche Brötchen formen. Aufs Blech setzen und zugedeckt noch 30 Min. gehen lassen.

4. Den Backofen vorheizen. Die Brötchen dreimal längs einschneiden. Im Ofen bei 200° (Mitte, Umluft 180°) 15–20 Min. backen. Die Konfitüre mit etwas Wasser erwärmen, durch ein Sieb streichen und die Brötchen noch heiß damit überglänzen. 2 Aprikosen in Streifen schneiden und die Brötchen damit bestreuen.

Zubereitung: 55 Min.
Backzeit: 20 Min.
Ruhezeit: 1 Std. 45 Min.
Pro Stück ca.: 395 kcal

Mandel-Rosinen-Fladen

Für 18 Fladen
250 g mehlig kochende Kartoffeln
3/4 Würfel Hefe (30 g)
1 TL Zucker
175 ml + 1 TL lauwarme Milch
100 g gehackte Mandeln
75 g Butter
125 g Schmelzflocken
250 g Weizenmehl (Type 1050)
1/2 TL Salz
40 g Zucker
2 Eier + 1 Eigelb
2 EL Apfelessig
100 g Rosinen
Mehl zum Arbeiten
Butter fürs Blech

1. Die Kartoffeln in der Schale in etwa 25 Min. weich kochen. Die Kartoffeln pellen und durch die Kartoffelpresse drücken. Abkühlen lassen. Die Hefe zerbröckeln, mit dem Zucker und 75 ml lauwarmer Milch glatt rühren. Zugedeckt 15 Min. ruhen lassen. Die Mandeln in einer Pfanne ohne Fett leicht rösten. Die Butter zerlassen.

2. Mandeln, Kartoffelmus, Schmelzflocken, Mehl und Salz gut verrühren. Mit der Hefemilch, 100 ml lauwarmer Milch, Zucker, 2 Eiern, Butter und Apfelessig 10 Min. kneten. Bei Bedarf noch etwas Mehl hinzufügen. Die Schüssel mit Mehl ausstreuen. Den Teig zur Kugel formen und in der Schüssel zugedeckt an einem warmen Ort 1 Std. gehen lassen.

3. Ein Backblech dick mit Butter fetten. Die Rosinen unter den Teig kneten und diesen auf bemehlter Arbeitsfläche oder zwischen Frischhaltefolie etwa fingerdick ausrollen. Den Rand eines Glases in Mehl tauchen und damit 18 kleine runde Fladen aus dem Teig ausstechen. Aufs Blech setzen und zugedeckt noch 30 Min. gehen lassen.

4. Den Backofen vorheizen. Das Eigelb mit etwas Milch verrühren und die Fladen damit bestreichen. Im Ofen bei 200° (Mitte, Umluft 180°) 12–18 Min. backen.

Zubereitung: 1 Std. 10 Min.
Backzeit: 18 Min.
Ruhezeit: 1 Std. 45 Min.
Pro Stück ca.: 200 kcal

Süßes Maisbrot mit Ingwer

Für 1 quadratische Backform von 24 x 24 cm (12 Stück)
2 Eier
75 g brauner Zucker
1/2 TL Salz
1 Msp. abgeriebene Zitronenschale
75 g weiche Butter
300 g Weizenmehl (Type 550)
150 g Maisgrieß (Polenta)
1 Päckchen Backpulver
300 ml Milch
100 g kandierte Ingwerstücke
Butter und Maisgrieß für die Form

1. Die Eier mit Zucker, Salz und Zitronenschale schaumig schlagen. Die Butter unterrühren. Mehl, Maisgrieß und Backpulver mischen und abwechselnd mit der Milch langsam in die Butter-Zucker-Mischung einrühren. Den Ingwer sehr fein würfeln und unter den Teig heben.

2. Den Backofen vorheizen. Die Backform fetten und dünn mit Maisgrieß ausstreuen. Den Teig in die Form füllen und im Ofen bei 180° (Mitte, Umluft 160°) 45–55 Min. backen.

3. Das Brot 10 Min. in der Form auskühlen lassen, dann auf ein Kuchengitter stürzen und vollständig auskühlen lassen. In 12 kleine Quadrate oder Rechtecke schneiden.

Tipp

Ingwer ist nicht jedermanns Sache. Sie können das Maisbrot stattdessen nach Belieben auch mit etwas geriebener Orangenschale oder mit Zimt würzen.

Zubereitung: 35 Min.
Backzeit: 55 Min.
Pro Stück ca.: 260 kcal

Kandishörnchen

Für 18 Hörnchen
1 Würfel Hefe (42 g)
1 TL Zucker
375 ml lauwarme Milch
500 g Weizenmehl (Type 405)
250 g Dinkelmehl (Type 630)
1/2 TL Salz
50 g weiche Butter
150 g Krümelkandis
1 Eigelb
1 TL Rosenwasser (aus der Apotheke)
Mehl zum Arbeiten
Fett fürs Blech

1. Die Hefe zerbröckeln, mit dem Zucker und 125 ml lauwarmer Milch glatt rühren. Zugedeckt 15 Min. ruhen lassen.

2. Die beiden Mehlsorten und Salz mischen. Mit der Hefemilch, 250 ml lauwarmer Milch und Butter 10 Min. kneten. Bei Bedarf noch etwas Mehl hinzufügen. Die Schüssel mit Mehl ausstreuen. Den Teig zur Kugel formen und in der Schüssel zugedeckt an einem warmen Ort 45 Min. gehen lassen.

3. Ein Backblech fetten. 100 g Kandis rasch unter den Teig kneten und diesen in 18 Stücke gleicher Größe teilen. Die übrigen 50 g Kandis in einen tiefen Teller geben. Jedes Teigstück zu einer 12–15 cm langen Rolle formen und diese hufeisenförmig biegen. Mit der Oberfläche in die Kandiskrümel drücken und aufs Blech setzen. Zugedeckt noch 30 Min. gehen lassen.

4. Den Backofen vorheizen. Das Eigelb mit etwa 1/2 TL Rosenwasser verrühren und die Hörnchen damit bestreichen. Im Ofen bei 200° (Mitte, Umluft 180°) 15–20 Min. backen. Die noch heißen Hörnchen dünn mit Rosenwasser bestreichen und auf einem Kuchengitter auskühlen lassen.

Zubereitung: 1 Std.
Backzeit: 20 Min.
Ruhezeit: 1 Std. 30 Min.
Pro Stück ca.: 210 kcal

Kokos-Ananas-Brot

Für den Brotbackautomaten
(16 Scheiben)
325 ml Kokosmilch
1 TL Salz
3 EL Zucker
1 Päckchen Vanillezucker
1 Msp. abgeriebene Orangenschale
500 g Weizenmehl (Type 405)
4 EL Kokosflocken
100 g kandierte Ananasstücke
100 g Mandelstifte
2 EL Nussöl (ersatzweise Öl)
2 EL Apfelessig
1 Eigelb

1. Kokosmilch, Salz, Zucker, Vanillezucker und Orangenschale in die Form des Brotbackautomaten geben. Mehl, 3 EL Kokosflocken, Ananas, Mandeln, Öl und Apfelessig hinzufügen. Beim Backautomaten die Einstellung »normal« wählen und ohne Timer backen.

2. Etwa 15 Min. vor Ende der Backzeit das Eigelb mit wenig Wasser verrühren. Das Brot damit bestreichen und mit 1 EL Kokosflocken bestreuen. Das Brot fertig backen.

3. Nach Ende der Backzeit 10 Min. in der Form auskühlen lassen, dann auf ein Kuchengitter stürzen und vollständig erkalten lassen.

Tipp

Wenn Sie einen kleineren Brotbackautomaten besitzen, beispielsweise für 375 g Mehl, müssen Sie die im Rezept genannten Mengen umrechnen.

Zubereitung: 5 Min.
kein Timer
Einstellung: normal
Pro Scheibe ca.: 195 kcal

Gewürzbrot

Für den Brotbackautomaten
(16 Scheiben)
125 ml Milch
150 g weiche Butter
100 g Zucker
1 Päckchen Vanillezucker
1 Msp. abgeriebene Zitronenschale
1 TL Salz
500 g Weizenmehl (Type 405)
4 Eier
1 Würfel Hefe (42 g)
1 TL Zimt
1/2 TL Macis (Muskatblüte)
1/2 TL Anispulver
1/4 TL Nelkenpulver
100 g Rosinen
50 g Orangeat, 50 g Zitronat
50 g gehackte Mandeln
Für den Guss:
125 ml Milch
2 EL Honig
1 TL Speisestärke

1. 100 ml Wasser mit Milch, Butter, Zucker, Vanillezucker, etwas geriebener Zitronenschale, Salz und Weizenmehl in dieser Reihenfolge in die Form des Brotbackautomaten geben.

2. Die Eier verquirlen. Die Hefe zerbröckeln und in einer Ecke der Backform mit etwas Mehl mischen. Die Eier auf der anderen Seite zum Mehl geben. Zimt, Macis, Anispulver, Nelkenpulver, Rosinen, Orangeat, Zitronat und Mandeln dazugeben. Beim Backautomaten die Einstellung »normal« wählen und ohne Timer backen.

3. Das gebackene Brot 10 Min. in der Form auskühlen lassen. Für den Guss die Milch mit dem Honig zum Kochen bringen. Die Speisestärke mit etwas kaltem Wasser glatt rühren und in der kochenden Milch einmal aufkochen lassen.

4. Das Brot auf ein Kuchengitter stürzen. Die Brotoberfläche mehrmals mit dem warmen Guss bestreichen. Das Brot vollständig erkalten lassen.

Zubereitung: 15 Min.
kein Timer
Einstellung: normal
Pro Scheibe ca.: 305 kcal

Tipps und Tricks

Know-how für Brotbäcker

Teige mit Hefe, Sauerteig und Backferment brauchen Wärme, damit sie ihr Volumen um ungefähr das Doppelte vergrößern können. Vorher muss der Teig kräftig mit den nicht zu kalten Händen geknetet werden. Wer eine leistungsstarke Küchenmaschine besitzt, kann den Teig auch von dieser bearbeiten lassen. Hinterher ist auf jeden Fall noch Handarbeit angesagt. Der Teig wird so lange geknetet, bis er elastisch ist und nicht mehr an den Händen klebt.

Was nicht im Rezept steht

Teige mit Hefe, Sauerteig und Backferment gehen am besten an einem warmen Ort auf. Wärmen Sie eine Schüssel oder das Backblech mit heißem Wasser an. Lassen Sie den Teig an oder auf einer Heizung, im warmen Backofen oder unter einer Glühbirne gehen. Je geringer die Raumtemperatur, desto länger die Ruhezeit.

Die benötigten lauwarmen Flüssigkeiten für unsere Backwaren sind 32° bis 36° warm, d.h., wenn man einen Finger in die Flüssigkeit taucht, darf man keinen Temperaturunterschied bemerken.

Wenn nicht anders angegeben, verwenden Sie Eier der Größe M.

Backformen und Backbleche können mit Butter, Margarine oder Schmalz eingefettet werden. Öl ist nicht geeignet. Statt Fett können Sie auch Backpapier, Backfolie oder eine Backmatte aus Silikon verwenden.

Brot und Brötchen erst anschneiden, wenn diese vollständig ausgekühlt sind.

Damit das Brot gelingt

Im Supermarkt, Reformhaus und Bioladen werden verschiedene Mehlsorten, Schrot und Grütze aus Getreide angeboten. Außerdem verschiedene Getreidesorten, die im Laden oder zu Hause frisch gemahlen oder geschrotet werden können. Wählen Sie, was Ihnen schmeckt. Alle Mehlsorten können miteinander gemischt werden. Dabei aber bedenken, dass Teige mit Vollkornmehl, Schrot und Grütze sowie mit Mehlsorten mit hoher Typenzahl mehr Flüssigkeit benötigen. Teige mit Roggenmehl müssen mit Sauerteig und Hefe gelockert werden.

Mehl und Schrot

Weizenmehl ist das beliebteste Kuchen- und Brotmehl. Die Typenzahl weist auf den Mineralstoffgehalt des Mehls hin. Je höher die Type, desto höher ist auch der Gehalt an Nährstoffen und Ballaststoffen. Wählen Sie zwischen Weizenmehl Type 405, 550, 812, 1050, 1060 und 1700 (Backschrot).
Roggenmehl für kräftige Brote ist in Type 815, 997, 1150, 1370, 1740 und 1800 (Backschrot) im Handel. Ein Roggenmischbrot besteht aus rund 60 Prozent Roggenmehl und 40 Prozent Weizenmehl. Beim Weizenmischbrot ist das Verhältnis umgekehrt.
Dinkelmehl ist als Brotmehl sehr beliebt. Dinkel ist eine Weizenart. Wird er unreif geerntet und gedarrt, kommt er als Grünkern in den Handel. Es gibt Dinkelmehl der Type 630, 812 und 1050.
Vollkornmehl kommt ohne Typenzahl in den Handel. Es enthält alle Bestandteile des gereinigten Korns einschließlich des Keims. Vollkornmehl und Vollkornschrot sind leicht verderblich und sollten umgehend nach dem Kauf beziehungsweise nach dem Mahlen verbacken werden.
Mehlspezialitäten wie Buchweizenmehl, Gerstenmehl, Grünkernschrot, Kastanienmehl, Kichererbsenmehl, Hafermehl, Hafergrütze, Reismehl und Sojamehl verleihen dem Backwerk ein besonderes Aroma oder eine feine Konsistenz. Verschiedene Getreidemischungen wie Vier-Korn- oder Sechs-Korn-Schrot und -flocken werden auch als ganze Körner angeboten. Zum Brotbacken eignen sich außerdem Grieß, Maisgrieß (Polenta), feines Maismehl und Haferflocken.

Tipp

Wenn Sie ein Mehl mit einer bestimmten Typenbezeichnung nicht bekommen, dann nehmen Sie eines mit höherer oder niedrigerer Typenbezeichnung.

Getreidekörner verarbeiten

Ganze Getreidekörner müssen über Nacht eingeweicht werden. Der besseren Bekömmlichkeit wegen sollten sie einmal kurz aufgekocht werden, bevor sie mit dem Teig gemischt werden. Geschrotete Körner sorgen für einen kernigen Biss. Je nach Vorliebe können die Körner in der eigenen Getreidemühle oder im Laden fein gemahlen oder grob oder fein geschrotet werden. Im Supermarkt wird auch vorgegarter Zartweizen (Ebly) angeboten, mit dem ein saftiges Brot gebacken werden kann.
Die Getreidekörner sollten vor Schädlingsbefall geschützt in gut schließenden Behältern aufbewahrt werden. Die so genannten Getreidebeutel sind weniger geeignet. Für alle, die Brot häufig selber backen, empfiehlt sich die Anschaffung einer Getreidemühle.

Fette

Brotteig braucht eigentlich kein Fett. Etwas Öl lässt das fertige Gebäck allerdings nicht so schnell austrocknen. Je nach Rezept können auch Butter, Nussöle und Schmalz verwendet werden.

Flüssigkeiten

Neben Mehl und einem Treibmittel ist Wasser ein wichtiger Bestandteil von Brot und Brötchen. Es sollte stets lauwarm (32°–36°) sein. Wasser kann durch die gleiche Menge einer anderen lauwarmen Flüssigkeit ersetzt werden, zum Beispiel Bier, Buttermilch, Kefir, Milch, Molke, Saft, Sahne, Ayran (türkisches Joghurtgetränk) oder Wein.
Bei Verwendung von hellem Weizenmehl muss rund ein 1/4 l (250 ml) Flüssigkeit je 500 g Mehl zugefügt werden. Bei einem Sauerteigbrot aus Roggenmehl sind es etwa 350 ml je 500 g Mehl. Enthält der Teig auch Fett und Eier, reduziert sich dadurch die benötigte Flüssigkeitszufuhr.
Die Zugabe von Apfelessig wirkt sich nicht auf das Aroma des Brotes aus, sorgt aber für ein besonders lockeres Backwerk.

Teigbeschaffenheit

Je höher die Typenzahl des Mehls und je höher der Anteil an Backschrot und Vollkornmehl, desto mehr Flüssigkeit ist notwendig.
Da der Flüssigkeitsbedarf jedes Mehls auch in Abhängigkeit von Lagerung und Erntezeitpunkt des Getreides schwankt, ist es ratsam, schon vor der Teigzubereitung etwas lauwarme Flüssigkeit und etwas Mehl oder Schrot bereitzustellen.
Ist der Teig zu feucht und klebt an den Händen, geben Sie noch etwas Mehl oder Schrot hinzu. Ist der Teig zu fest, fügen Sie noch etwas lauwarme Flüssigkeit hinzu.

Gewürze

Salz ist das wichtigste Brotgewürz. Mindestens 1 leicht gehäufter EL pro 500 g Mehl ist nötig.
Zucker ist unerlässlich, damit die Hefe in Schwung kommt. Statt Zucker eignen sich auch Honig, Ahornsirup, Rübensirup, Agavensirup und Apfelkraut.
Brotgewürz, eine Mischung aus verschiedenen Gewürzen, wird im Supermarkt, Reformhaus und Bioladen angeboten. Kräftiger schmeckt das Backwerk, wenn ganze Gewürze im Mörser zerrieben oder im Ganzen mit dem Teig gemischt werden. Typische Brotgewürze sind Anis, Fenchel, Kardamom, Koriander, Kreuzkümmel, Kümmel, Schabzigerklee und Zimt. Schabzigerklee und Zimt werden als Pulver verwendet, die anderen Gewürze können als ganze Samen oder gemahlen verarbeitet werden.

Kräuter

Würzige Brote mit Kräutern sind beliebt. Die Kräuter können frisch oder getrocknet zugegeben werden. Der Geschmack ist bei Verwendung getrockneter Kräuter intensiver. Geeignete Kräuter sind Bärlauch, Dill, Estragon, Majoran, Minze, Oregano, Salbei, Thymian, Rosmarin und Kräutermischungen wie beispielsweise Kräutersalz und Kräuter der Provence.

Feine Zugaben

Für besonders herzhafte Brote kann der Teig mit allerlei feinen Zugaben geschmacklich verändert werden. Zum Beispiel durch Beigabe von gerösteten Zwiebeln (auch als Fertigprodukt), gebratenen Speck- und Schinkenwürfeln. Aus dem südlichen Europa kennen wir die Beigabe von schwarzen und grünen Oliven, getrockneten Tomaten und Feta. Beliebt sind auch Nüsse und Samen: Sie können ganz oder gehackt, geröstet oder ungeröstet verwendet werden. Mit Leinsamen, Sesam und Mohn können Brot und Brötchen ebenfalls bestreut werden.
Getrocknete Früchte wie Ananas, Äpfel, Aprikosen, Birnen, Cranberries, Datteln, Feigen, Pflaumen und Rosinen passen sehr gut zu Brot und Brötchen – und zwar nicht nur in süßen Backwaren. Hartes Backobst muss vor der Verwendung 1–2 Stunden in warmem Wasser eingeweicht werden.
Brotteig kann auch mit geriebenem Hartkäse, geriebenen Äpfeln und Möhren sowie Sauerkraut geschmacklich verändert werden.

Backen im Brotbackautomaten

Mit Hilfe eines Brotbackautomaten kann in rund 3 Stunden ein köstliches Brot gebacken werden. Wer morgens vom Duft eines frisch gebackenen Brotes geweckt werden möchte, kann den Timer so einstellen, dass das Brot zum Frühstück fertig ist.
Im Brotbackautomaten kann man den Teig auch kneten und gehen lassen und anschließend zu Broten, Brötchen, Hörnchen oder Brezeln formen. Auf einem eingefetteten Backblech müssen die Teiglinge vor dem Backen zugedeckt noch einmal 45 Minuten bis 1 Stunde an einem warmen Ort gehen.

➤ Die Füllmenge der Backform richtet sich nach den Angaben des Geräteherstellers.

➤ Um ein gutes Backergebnis zu erzielen, sollten alle Zutaten Raumtemperatur haben. Grundsätzlich werden zuerst Flüssigkeit, Salz, Zucker, Öl oder Butter und Essig – je nach Rezept – in die Backform gegeben. Dann folgen Mehl, Sauerteigpulver, Trockenhefe oder zerbröckelte frische Hefe und Gewürze oder andere Zutaten.

➤ Selbst Brot mit ganzen Getreidekörnern kann im Brotbackautomaten gebacken werden. Am besten die Körner vorher über Nacht einweichen. Noch bekömmlicher wird solches Brot, wenn die Körner nach dem Einweichen einmal aufgekocht werden. Getreidekörner oder Schrot können aber auch direkt mit der Flüssigkeit in der Backform gemischt werden, bevor das Mehl und die anderen Zutaten hinzugefügt werden.

➤ Weil Mehl je nach Art, Lagerung und Typenzahl mehr oder weniger viel Flüssigkeit benötigt, ist es wichtig, den Teig in der Backform gelegentlich zu kontrollieren. Ist der Teig zu feucht, geben Sie noch etwas Mehl hinzu, ist er zu trocken, gießen Sie noch etwas lauwarme Flüssigkeit zum Teig.

➤ Zugaben wie Nüsse und Samen, Speck- und Schinkenwürfel können auch nach einem Signalton zum Teig gegeben werden. Beachten Sie dazu die Gebrauchsanweisung Ihres Geräts.

➤ Den Timer nur einstellen, wenn keine leicht verderblichen Zutaten wie Milch, frische Eier, Zwiebeln oder Schinken in den Teig kommen.

Praktische Hilfe

Der große Vorteil eines Brotbackautomaten liegt darin, dass die Knetphase und die Ruhezeiten in dem Gerät optimal ablaufen können und dass die Backform in kurzer Zeit gefüllt ist. Mischen, Kneten, Ruhen und Backen geschehen vollautomatisch. Beachten Sie die Angaben des Geräteherstellers.

Die Backstube

Brot gehört zu unseren wichtigsten Nahrungsmitteln. Es ist gesund und nährstoff- und ballaststoffreich. Wer sein Brot selbst bäckt, weiß genau, welche Zutaten hineinkommen. Doch bevor der Laib appetitlich duftend aus dem Ofen kommt, sind einige Dinge zu beachten.

Teig bearbeiten und kneten

Teige mit Backpulver werden gerührt, stärkere Teige auch geknetet und sofort gebacken.
Teige mit Hefe müssen immer gründlich und lange geknetet werden. Das gilt auch für Teige mit Roggenmehl und flüssigem oder pulverförmigem Sauerteig.

➤ Die Teige sollten glatt, elastisch und weich sein. Das erreicht man durch ein langes Bearbeiten des Teigs.
Teige, die mit Backferment gelockert werden, müssen nicht so lange geknetet werden. Der Teig ist relativ weich und sollte am besten in einer Form gebacken werden.

➤ Das Kneten gelingt am besten auf einer dünn mit Mehl oder Schrot bestreuten Arbeitsfläche.

➤ Da Hefe und Sauerteig kälteempfindlich sind, sollte die Arbeitsfläche aus Holz bestehen. Marmorflächen sind nicht geeignet.

➤ Den Teig stets so lange kneten, bis er elastisch ist und nicht mehr an den Händen klebt. Das dauert 10–15 Minuten.

➤ Bei sehr schweren Teigen mit hohem Schrotanteil und Vollkornmehl wird der Teig am besten in zwei Portionen geknetet.

Teige lockern

Der Teig muss meist zweimal geknetet werden. Beim ersten Mal 10–15 Minuten sehr gründlich. Dann muss er ruhen, um aufzugehen. Danach wird er kurz mit den Handflächen und Handballen durchgeknetet, zu Brot oder Brötchen geformt beziehungsweise in eine Form gelegt. Anschließend muss der Teig auf dem Backblech oder in der Form zugedeckt ein zweites Mal gehen und sein Volumen wiederum verdoppeln.

Kneten in der Küchenmaschine

Wer eine leistungsstarke Küchenmaschine besitzt, kann den Teig auch von dieser bearbeiten lassen. Der Teig muss anschließend von Hand noch so lange geknetet werden, bis er elastisch ist und nicht mehr an den Händen klebt. Klebt der Teig, hilft etwas Mehl. Ist der Teig zu trocken, fügen Sie noch etwas lauwarme Flüssigkeit hinzu.

Teig gehen lassen

Brot- und Brötchenteige, die mit Hefe, Sauerteig und Backferment gelockert werden, müssen in einer warmen Umgebung ruhen, damit das Treibmittel den Teig lockert. Optimal ist eine Umgebungstemperatur zwischen 28° und 35°. Geeignete Orte sind der warme Backofen, die Plätze auf oder in unmittelbarer Nähe einer Heizung oder auch unter einer Glühbirne. Im Hochsommer bei hohen Außentemperaturen kann die Ruhezeit nur 30 Minuten betragen, im Winter in der Küche 1 Stunde oder länger.

➤ Je länger ein Teig geht, desto lockerer wird das Brot.

➤ Der Teig sollte sich während der Ruhezeit ungefähr auf das doppelte Volumen vergrößern.

➤ Teige mit Backferment gehen grundsätzlich nur bei einer Umgebungstemperatur von etwa 35° optimal auf.

➤ Bei Ruhezeiten von mehr als einer Stunde, sollte die Schüssel oder die Backform mit dem Teig in einer Plastiktüte ruhen oder mit Folie abgedeckt werden, damit die Teigoberfläche nicht austrocknet.

Zeit sparen

Der Teig kann auch am Vorabend oder am Morgen hergestellt werden und 10–12 Stunden im Kühlschrank ruhen. Vor dem Weiterverarbeiten muss er noch einmal durchgeknetet werden und so lange auf dem Backblech oder in der Form an einem warmen Ort ruhen, bis er sein Volumen etwa verdoppelt hat.

Teig formen

Brotteig kann beliebig geformt werden: Runde und längliche Brote werden auf Backblechen gebacken. Kräftige Teige aus Roggenmehl, Backschrot oder mit hohem Roggenanteil können der Form wegen zum Gehen in runde oder ovale Brotkörbe aus Peddigrohr gesetzt werden: diesen Korb zuvor mit etwas Mehl ausstreuen. Die Laibe vor dem Backen auf ein Backblech stürzen. Brot kann auch in jeder beliebigen Backform gebacken werden. Ganz neu sind runde und ovale Brotbackformen. Wer sich schwer tut, aus Teigsträngen Zöpfe zu flechten, verwendet eine längliche oder runde Kranzform mit Zopfmuster.
Aus den Teigen lassen sich auch Schnecken, Kringel, Knoten, Brezeln, Hörnchen, Fladen usw. formen.

Kleine Tipps und Tricks

Schöne Kruste

➤ Damit das Brot eine kräftige Kruste entwickelt, den Teigling vor dem Backen mit etwas lauwarmem Wasser, Kaffee, lauwarmer Milch, mit etwas Wasser oder Öl verquirltem Eigelb oder Eiweiß bestreichen. Das Bestreichen mit Eiweiß oder Eigelb verleiht dem Backwerk zusätzlich eine glänzende Oberfläche.

➤ Während des Backens oder unmittelbar nach dem Backen kann das Brot mit kaltem Salzwasser bepinselt oder besprüht werden.

➤ Eine glänzende Oberfläche erzielt man auch, wenn das heiße Backwerk mit heißer Speisestärkelösung bestrichen wird.

➤ Auch durch Wasserdampf erhalten Brot oder Brötchen eine schöne, nicht zu harte Kruste. Während des Backens einfach eine feuerfeste, mit Wasser gefüllte Schale auf dem Backofenboden stellen.

➤ Brote und Brötchen, die mit Nüssen und Samen, Gewürzen, grobem oder feinem Mehl und Schrot, Haferflocken oder ganzen Körnern bestreut werden, zuvor immer mit Eigelb oder Eiweiß bestreichen. Dieses am besten mit wenig Wasser oder Milch verquirlen.

Profitipps

➤ Zum Färben des Brotteigs können Gerstenmalz, Rübensirup, Apfelkraut und Zuckercouleur eingesetzt werden.

➤ Zum Abmessen kleiner Mengen, beispielsweise von 10–15 g Sauerteigpulver, wiegen Sie die Menge am besten einmal auf einer Briefwaage und geben diese Menge dann auf einen Löffel. So wissen Sie stets, welche Menge Sie aus der Dose entnehmen müssen, ohne jedes Mal exakt nachwiegen zu müssen.

➤ Experimente mit verschiedenen Mehlsorten: Mischen Sie ganz nach Belieben Weizen- und Roggenmehl mit Haferflocken, Grünkern- oder Haferschrot, mit Kastanien-, Buchweizen-, Dinkel-, Grünkern- und Gerstenmehl.

➤ Brote und Brötchen gehen besonders gut auf, wenn sie vor dem Backen mit einem scharfen Messer etwa 1 cm tief längs, quer und sternförmig eingeschnitten werden.

➤ Wenn der Teig oder das Backwerk beim Gehen nicht aufgeht, war die Hefe zu alt oder der Teig wurde nicht gründlich genug geknetet. Eventuell fehlt auch etwas Flüssigkeit.

➤ Wenn das Backwerk im Ofen auseinander läuft, war der Teig zu weich und wurde zu wenig geknetet.

➤ Das heiße Backwerk soll immer auf einem Kuchengitter auskühlen.

➤ Wenn das Brot nach dem Backen zusammenfällt, stand es zum Gehen zu kühl.

Der Backofen

Die angegebenen Backofentemperaturen beziehen sich auf das Backen mit Ober- und Unterhitze. Betrachten Sie die Temperaturangaben bei den Rezepten als Richtwerte. Richten Sie sich in erster Linie nach Ihren Erfahrungen und der Bedienungsanleitung Ihres Backofens. Ältere Backöfen halten die Temperatur nicht so gut wie moderne Elektro- und Gasbacköfen. Meistens werden Brote und Brötchen bei 200° (Umluft 180°) auf der mittleren Schiene gebacken. Nur hohe Brote, beispielsweise in einer Kastenform, können eine Stufe tiefer eingeschoben werden.

➤ Im Fachhandel werden spezielle Backofenplatten aus Ton angeboten. Darauf lässt sich das Brot besonders gut backen, weil die Tonplatte einerseits die Feuchtigkeit aus dem Teig aufnimmt und andererseits langsam wieder abgibt, wodurch ein Brot mit feiner Kruste entsteht.

Brote und Brötchen aufbewahren

Brote und Brötchen nach dem Backen immer auf einem Kuchengitter auskühlen lassen. Brote am besten in Brotbeuteln, Brotkästen oder speziellen Behältern aus Keramik aufbewahren.

Brote und Brötchen mit Backpulver schmecken frisch am besten, weil der Teig schnell trocken wird.

Weißbrot kann bis zu drei Tage, Weizenmischbrot bis zu sechs Tage aufbewahrt werden.

Roggenmischbrot kann bis zu sieben Tage, reines Roggenbrot bis zu zehn Tage, Roggenschrot- und Roggenvollkornbrot sowie Weizenvollkornbrot bis zu zwölf Tage aufbewahrt werden.

Brot, ganz oder in Scheiben, und Brötchen können frisch aus dem Backofen in Gefrierbeuteln eingefroren werden. Die Lagerzeit beträgt bei Brot und Brötchen bis zu sieben Tage. Vor dem Verzehr bei Zimmertemperatur ohne Verpackung auftauen lassen.

Schimmel

In besonders warmen Räumen und im Hochsommer ist die Lagerzeit von Brot geringer und die Schimmelanfälligkeit größer. Verschimmeltes Brot immer wegwerfen. Brotbehälter nach Schimmelbefall mit Essigwasser gründlich säubern.

Brotteige

Hefeteig

Frische Hefe wird im Kühlregal als 42-g-Würfel angeboten, Trockenhefe bei den Backzutaten in kleinen Päckchen. Auch beim Bäcker bekommt man frische Hefe, die die Teige gut lockert. Frische Hefe sollte geschmeidig sein und gut riechen.

➤ Frische Hefe muss zunächst mit einem Teelöffel Zucker oder Honig in lauwarmer Flüssigkeit glatt gerührt werden. Diesen Hefeansatz zugedeckt 15 Minuten ruhen lassen.

➤ Oder mit einem Löffel eine Mulde ins Mehl drücken, die zerbröckelte Hefe und 1 TL Zucker hineingeben. Hefe, Zucker, etwas lauwarme Flüssigkeit und ein wenig Mehl vom Rand glatt rühren. Zugedeckt 10 Minuten beiseite stellen.

➤ Den Hefeansatz oder Vorteig nach dem Gehen mit den restlichen Zutaten kräftig, das heißt 10–15 Min. kneten.

➤ Hefe darf nie direkt mit Salz oder Fett in Berührung kommen. Dadurch büßt sie ihre Treibkraft ein.

➤ Trockenhefe kann direkt mit Mehl, Zucker, Salz und Flüssigkeit gemischt und geknetet werden.

➤ Je mehr Fett und Eier ein Teig enthält, desto mehr Hefe und weniger Flüssigkeit wird benötigt.

Backpulverteig

Backpulver wird hauptsächlich als Lockerungsmittel für Kuchen und schnelle Brote verwendet. Brotteige mit Backpulver benötigen keine Ruhezeit zum Aufgehen, sie können sofort gebacken werden. Backpulverbrote und -brötchen schmecken frisch am besten. Handelsübliches Backpulver besteht aus Natriumphosphat. Phosphatfreies Weinsteinbackpulver aus Reformhaus oder Bioladen besteht aus Weinsäure.

➤ Das Backpulver stets mit dem Mehl mischen. Backpulver sollte nicht mit Fett oder Flüssigkeit in Berührung kommen.

Sauerteig

Brote und Brötchen aus Roggenmehl benötigen zur Lockerung Sauerteig und Hefe. Flüssiger Sauerteig wird in 150-g-Beuteln in Supermarkt, Reformhaus und Bioladen angeboten. Es gibt auch Sauerteig beziehungsweise Vollkorn-Sauerteig in Pulverform in Dosen und kleinen Päckchen zu 15 g. Beachten Sie stets die Packungsangaben. Sauerteig können Sie selbst ansetzen und auch Bäcker verkaufen Sauerteig und Hefe.

➤ Achtung: Steht der Sauerteigansatz zu kühl, bilden sich keine Milchsäure-, sondern scharf riechende Essigsäurebakterien. Der Ansatz riecht und schmeckt dann unangenehm scharf und kann nicht weiter verwendet werden.

➤ Fertiger Sauerteigansatz ist an einem angenehmen säuerlichen Geruch und kleinen Gärungsbläschen und feinen Rissen an der Oberfläche zu erkennen.

➤ Von einem solchen Grundansatz werden 50–80 g für ein Kilogramm Mehl benötigt.

➤ Nicht benötigter Sauerteigansatz kann mit Roggenmehl zu Krümeln verarbeitet und in einem gut verschlossenen Gefäß bis zu drei Monate im Kühlschrank aufbewahrt werden. Bei Bedarf etwas krümeligen Sauerteig mit etwas Mehl und lauwarmem Wasser ansetzen und 12 Std. gehen lassen, dann wie beschrieben weiterverarbeiten.

Sauerteigansatz

Für einen Sauerteigansatz 250 g Roggenmehl (Type 815) mit 250 ml warmem Wasser (etwa 40°) und 1 EL Molke (ersatzweise Buttermilch oder Sauerkrautsaft) in einem Weckglas verrühren. Diesen Ansatz zugedeckt 2–3 Tage bei 30°–40° ruhen lassen.

Backferment-Teig

In Reformhaus und Bioladen wird als Gärhilfe Spezial-Backferment angeboten. Dieses säuert und lockert den Teig und macht das Brot gut bekömmlich. Ein nach Packungsaufschrift hergestellter Grundansatz mit Backferment muss lange ruhen. Anschließend werden 10–20 g von diesem Grundansatz mit Spezial-Backferment, Wasser und Mehl oder Backschrot zu einem Vorteig verrührt. Dieser muss 12–20 Stunden ruhen.

➤ Die Zubereitung von Backferment-Teigen ist langwierig. Wer nicht so lange warten will, kann den Grundansatz auch fertig kaufen. Achtung: Dieser ist nur begrenzt haltbar.

➤ Mit Backferment gelingen Backwaren aus allen Mehlsorten. Die Backferment-Teige sind meistens sehr weich und sollten deshalb in einer Form gebacken werden.

➤ Teige mit Backferment müssen nicht so lange geknetet werden wie Teige mit Sauerteig.

➤ Backferment-Teige brauchen viel Wärme und Zeit zum Ruhen.

➤ Auch im Brotbackautomaten gelingen Backferment-Brote sehr gut.

Köstliche Brotaufstriche

Schokomandelcreme Für 4 Portionen
2 EL Mandelblättchen rösten, abkühlen lassen, mittelfein hacken. 75 g weiße Schokolade grob hacken. In 75 g erhitzter Sahne schmelzen. 4 EL Butter, etwas abgeriebene Orangenschale, die Mandeln und 2 EL (Orangenblüten-) Honig einrühren. Abkühlen lassen, dabei gelegentlich umrühren.

Limettenbutter Für 4 Portionen
125 g weiche Butter schaumig rühren. 1 Limette heiß waschen, trocknen, die Schale abreiben. 1/2 Frucht auspressen, das Fruchtfleisch der anderen Hälfte fein würfeln. Limettenschale, -saft und -würfel und die Butter glatt rühren. Mit Salz, weißem Pfeffer und Zucker abschmecken. 2 EL frisch gehackten Kerbel unterziehen.

Orangen-Konfitüre Für 2 Gläser
4 unbehandelte Orangen und 5 Kumquats heiß waschen, trocknen. Kumquats halbieren, Kerne entfernen. Orangenschale in schmalen Streifen abziehen. Orangen schälen, evtl. entkernen. Die Zitrusfrüchte hacken. 30 g Ingwer schälen. Mit den Zitrusfrüchten, Orangenschale, 3 EL Zitronensaft und 500 g Gelierzucker (1:1) 3 Min. sprudelnd kochen. In Twist-off-Gläser füllen und verschließen.

Rote Grütze Für 2 Gläser
Je 100 g rote und schwarze Johannisbeeren verlesen, von den Rispen streifen und tropfnass einmal aufkochen lassen. Durch ein Sieb drücken, den Saft auffangen. Je 150 g Himbeeren und Erdbeeren putzen, Erdbeeren würfeln. 100 g entsteinte Süßkirschen halbieren und im Johannisbeersaft erhitzen. 4 EL Zitronensaft und 500 g feinsten Zucker hinzufügen und 1 Min. sprudelnd kochen lassen. Himbeeren, Erdbeeren und – wer mag – Melissenblättchen in feinen Streifen untermischen. In Twist-off-Gläser füllen und verschließen.

Exotische Creme Für 4 Portionen
1 EL Kokosflocken rösten. 2 Ananasringe (Dose) abtropfen lassen und in feine Streifen schneiden. 1 Riegel Zartbitterschokolade raspeln. 150 g Frischkäse mit Saft und Schale von 1 Limette und 2–3 EL Ananassaft, etwas Kokosmilch oder Sahne und 4 EL feinem Zucker cremig rühren. Mit Kokosflocken, Schokolade und Ananas mischen und kühl stellen.

Tipp: Schmeckt mit Blutorangen, die im Winter aus Sizilien kommen, besonders lecker. Wer keinen Ingwer mag, kann ihn einfach weglassen.

Variante: Sie können diese exotische Creme auch mit Kiwi, Mango oder Papaya zubereiten. Aber diese Früchte sollten kurz erhitzt werden oder aus der Dose kommen.

Sardellenbutter Für 4 Portionen
125 g weiche Butter mit 2 EL Sardellenpaste schaumig rühren. 1 eingelegte Sardelle abspülen, trockentupfen und fein hacken. Mit etwas abgeriebener Orangenschale und 2 EL gehackter Petersilie zur Sardellenbutter geben und gut mischen.

Paprika-Frischkäse Für 4 Portionen
2 EL Kürbiskerne rösten, mittelfein hacken. Je 1/2 rote und gelbe Paprikaschote putzen, waschen und sehr fein würfeln. 1 kleine grüne Chilischote, 1 Frühlingszwiebel und 1 kleine Gewürzgurke ebenfalls sehr fein würfeln. Alles mit 200 g körnigem Frischkäse und 1 EL Crème fraîche oder saurer Sahne verrühren. Mit Salz und 2 EL gehacktem Dill abschmecken.

Schinken-Creme Für 6 Portionen
200 g Frischkäse mit etwas Milch, 1 EL Meerrettich und etwas Worcestershiresauce glatt rühren. 50 g Schwarzwälder Schinken fein würfeln. 6 Radieschen fein raspeln. Mit dem Schinken unter die Frischkäsecreme rühren. Mit Salz, Pfeffer und 1 TL Honig abschmecken. 2 EL geschlagene Sahne und 1 EL Schnittlauchröllchen unterheben.

Liptauer Käse Für 4 Portionen
75 g weiche Butter schaumig rühren. 250 g Sahnequark und 1 TL Paprikapulver unterrühren. 1 rote Zwiebel und 1 Knoblauchzehe abziehen, fein würfeln. 1 kleine Gewürzgurke ebenfalls fein würfeln. Alles zur Quarkcreme geben. Mit Salz, Pfeffer und Cayennepfeffer abschmecken. Vor dem Servieren mit etwas Paprikapulver und 1 EL Schnittlauchröllchen bestreuen.

Salami-Creme Für 4 Portionen
6 Haselnusskerne rösten. Die braune Haut ablösen und die Nüsse mittelfein hacken. 6 weiche Datteln entkernen, fein würfeln. 150 g Frischkäse mit 3–4 EL Sahne, etwas Orangensaft und abgeriebener Orangenschale cremig rühren. 75 g Salami in sehr feine Streifen schneiden. Mit Nüssen und Datteln unter die Creme rühren. Mit Salz und Pfeffer würzen.

Pilze aufs Brot Für 4 Portionen
1 Schalotte und 1 Knoblauchzehe abziehen, fein würfeln und in 2 EL Butter weich schmoren. 50 g Schinkenwürfel und 250 g gemischte Pilze, geputzt und klein geschnitten, sowie 1/2 TL Mehl hinzufügen. 3 Min. schmoren, bis alle Flüssigkeit verdampft ist. 2 EL Crème fraîche einrühren. Mit Salz, Pfeffer und 2 EL gehackter Petersilie würzen.

Leckere Gerichte mit altbackenem Brot

Hart gewordenes Brot muss nicht an Enten und Schwäne im Park verfüttert werden. Auf dieser Doppelseite zeigen wir Ihnen, welche köstlichen Speisen mit altbackenem Brot hergestellt werden können. Übrigens erhalten Sie die besten Semmelbrösel (Paniermehl) von frisch geriebenem, altbackenem Brot. Dafür eignen sich alle Brote und Brötchen – außer gesüßte Backwaren. Schimmeliges Brot gehört in den Abfall!

Knusperwürfel (Croûtons)

Für 4 Portionen
4–6 Scheiben altbackenes Weißbrot
2 EL Butter
2 EL Olivenöl
1 Knoblauchzehe
Salz, Pfeffer aus der Mühle

Die Brotscheiben entrinden und je nach Verwendung mehr oder weniger fein würfeln. Butter und Olivenöl mit der ungeschälten Knoblauchzehe in einer großen Pfanne erhitzen. Die Brotwürfel darin rundherum knusprig braten. Auf Küchenpapier entfetten und mit Salz und Pfeffer bestreuen.

Knusperfinger mit Kräutern

Für 4 Portionen
4–6 Scheiben altbackenes Brot
2 EL Butterschmalz
2 EL Nussöl (ersatzweise Öl)
1 TL frische Rosmarinnadeln
1 TL frische Thymianblättchen
Kräutersalz, Pfeffer aus der Mühle
etwas Paprikapulver

Die Brotscheiben entrinden – wer mag – und in fingerlange Streifen schneiden. Butterschmalz und Nussöl in einer großen Pfanne erhitzen und die Brotstreifen auf beiden Seiten knusprig braten. Zum Ende der Bratzeit die Kräuter einrühren. Die Knusperfinger auf Küchenpapier entfetten und mit Salz, Pfeffer und Paprikapulver bestreuen.

Tipps: Für Knusperwürfel und Knusperfinger können Sie auch Mischbrote, Roggenbrote, Vollkornbrote oder Brötchen verwenden. Als kleinen Snack zu Wein, Bier oder einem Cocktail können Sie sie mit winzigen Schinkenwürfeln und gehackten Nüssen oder Samen und gehackten Kräutern wie Thymian, Rosmarin, Majoran oder Salbei mischen.

Kartäuserklöße

Für 4 Portionen
8 altbackene Brötchen
750 ml Milch
1 Päckchen Vanillezucker
1 Stück Zitronenschale
1 Zimtstange
150 g Honig
Salz
2 Eier + 1 Eigelb
4 EL gemahlene Haselnüsse
Butterschmalz zum Braten
etwas Mehl

Von 4 Brötchen die Rinde abreiben, die restlichen 4 Brötchen zu Paniermehl reiben. Milch mit Vanillezucker, Zitronenschale, Zimtstange, Honig und etwas Salz aufkochen. Die Brötchen mit der heißen Milch begießen und etwa 1 Std. einweichen. Eier und Eigelb verquirlen. Das Paniermehl mit den Nüssen mischen. Das Butterschmalz in einer Pfanne erhitzen. Die Brötchen vorsichtig ausdrücken, mit Mehl bestäuben, durch die Eimasse ziehen und in die Paniermehlmischung drücken. Diesen Votgang noch einmal wiederholen. In reichlich heißem Butterschmalz rundherum goldgelb braten. Dazu schmeckt eine Vanillesauce oder beliebiges Kompott.

Arme Ritter

Für 4 Portionen
250 ml Milch
1 Päckchen Vanillezucker
2 EL Honig
etwas Zimt
6 altbackene Brötchen
5 Eier
75 g weiche Butter
4 EL Zucker
etwas abgeriebene Zitronenschale
125 g Rumrosinen (Fertigprodukt)
4 EL gehackte Mandeln, Salz
500 g Äpfel
2 EL Mandelblättchen
1 EL Zucker
Butterflöckchen
Fett für die Form

Die Milch mit Vanillezucker, Honig und Zimt erhitzen. Die Brötchenrinde abreiben und beiseite stellen. Die Brötchen in Scheiben schneiden. Mit der heißen Milch begießen. Die Eier trennen, die Eiweiße mit etwas Salz steif schlagen. Butter und Zucker schaumig rühren. Die Eigelbe unter die Buttermasse rühren. Mit Zimt, Zitronenschale, Rosinen und Mandeln vermengen.
Die Äpfel schälen, entkernen und in feine Spalten hobeln. Den Backofen vorheizen. Eine feuerfeste Form fetten. Den Eischnee unter die Buttermasse heben, die Apfelspalten unterziehen. Die Brötchenscheiben abwechselnd mit der Apfelmischung in die Form schichten. Mit Brötchenabrieb, Mandelblättchen, Zucker und Butterflöckchen bestreuen. Im Ofen bei 200° (Mitte, 180°) 35–40 Min. backen.
Variante: Statt der Äpfel können Sie auch 500 – 750 g entsteinte Süß- oder Sauerkirschen verwenden. In diesem Fall Weißbrot, Mischbrot, Roggenbrot, süße Brote oder Brötchen mit der Butter-Eier-Masse vermengen. Auf die Rosinen verzichten und die Mandeln durch Haselnüsse ersetzen.

Spinatknödel

Für 4 Portionen
150 g altbackene (Laugen-) Brötchen
150 ml heiße Hühnerbrühe
2 Zwiebeln, 1 Knoblauchzehe
2 EL Butter
750 g Blattspinat
1 Ei + 1 Eigelb, 1 EL Mehl
4 EL geriebener Parmesan
Salz, Pfeffer aus der Mühle
etwas Muskatnuss

Die Brötchenrinde abreiben, die Brötchen klein schneiden und mit der Brühe begießen. Zwiebeln und Knoblauch abziehen und klein schneiden. In der heißen Butter weich schmoren, auf einem Teller abkühlen lassen. Den Spinat putzen, waschen und in einem Topf zusammenfallen lassen. Den Spinat gut ausdrücken und mittelfein hacken. Das Brot ausdrücken, klein zupfen und mit Spinat, Zwiebeln, Ei, Eigelb, Mehl, Parmesan, Salz, Pfeffer und frisch geriebener Muskatnuss vermengen. Aus der Masse 12 Bällchen formen. In siedendem Salzwasser 8–10 Min. garen.

Tipp: Dazu schmeckt eine Tomatensauce aus frischen Tomaten oder aus Pizzatomaten (Konserve), gewürzt mit Thymian, Oliven, Knoblauch, Salz und Pfeffer. Auch eine Käsesauce aus Sahne und geriebenem Käse passt vorzüglich zu diesen Knödeln.

Semmelknödel

Für 4 Portionen
1 Zwiebel
2 EL Butter
8 altbackene Brötchen
250 ml heiße Milch
5–6 Eier
1 EL Mehl
Salz, Pfeffer aus der Mühle
Muskatnuss
4 EL gehackte Petersilie

Die Zwiebel abziehen, klein würfeln, in der heißen Butter weich schmoren. Die Brötchen fein würfeln. Mit der heißen Milch übergießen und nach etwa 30 Min. mit den Eiern zu einer formbaren Masse verarbeiten. Zwiebel, Mehl, Salz, Pfeffer, Muskat und Petersilie einrühren. Etwa 3 Std. durchziehen lassen und gut durchrühren. Mit feuchten Händen Knödel formen und im siedenden Salzwasser in 20–25 Min. gar ziehen lassen.

Varianten: Die Knödelmasse mit kleinen gebratenen Speck- oder Schinkenwürfeln, gehacktem Selleriegrün oder klein geschnittenen geschmorten Pilzen würzen. Noch kräftiger schmeckt die Knödelmasse, wenn die Brotwürfel ohne Fett im Backofen oder in einer Pfanne geröstet werden. Für einen Serviettenknödel ein Küchentuch anfeuchten, mit Paniermehl bestreuen und die Masse einfüllen. Das Tuch über Kreuz verknoten und an einem Holzlöffel in einen Topf mit siedendem Salzwasser hängen. Den Serviettenknödel rund 1 Std. garen.

Brotsalat

Für 4 Portionen
2–3 dicke Scheiben italienisches altbackenes Weißbrot
4 Tomaten, 1 rote Zwiebel
2 Knoblauchzehen
1 rote Chilischote
1 Stange Sellerie
12 schwarze Oliven
1 Bund Basilikum
10 EL Olivenöl
4 EL Zitronensaft
2 EL Aceto Balsamico
Salz, Pfeffer aus der Mühle

Das Brot entrinden und in Stücke zupfen. In einer Schüssel mit etwas Brühe oder Wasser befeuchten. Die Tomaten in kochendes Wasser tauchen, häuten und in Streifen schneiden. Zwiebel und Knoblauch abziehen. Zwiebel in dünne Streifen schneiden, Knoblauch fein hacken. Chilischote sehr fein würfeln. Selleriestange putzen, in feine Scheiben schneiden. Alles mit den Oliven zum Brot geben und locker mischen. Die Basilikumblätter darüber zupfen. Öl, Zitronensaft und Essig mit Salz und Pfeffer cremig rühren und über den Salat gießen.

Damit Sie Rezepte mit bestimmten Zutaten noch schneller finden, stehen in diesem Register zusätzlich auch Zutaten wie beispielsweise Backferment oder Walnusskerne – ebenfalls alphabetisch geordnet und halbfett gedruckt – über den entsprechenden Rezepten.

Rezeptregister von A–Z

Register nach Kapiteln

Helle Brote

Dunkle Brote

Aus aller Welt

Knusprige Brötchen

Süße Brote und Brötchen

DAS NEUE BACKVERGNÜGEN

Verführerisch, unkompliziert und einfach gut.

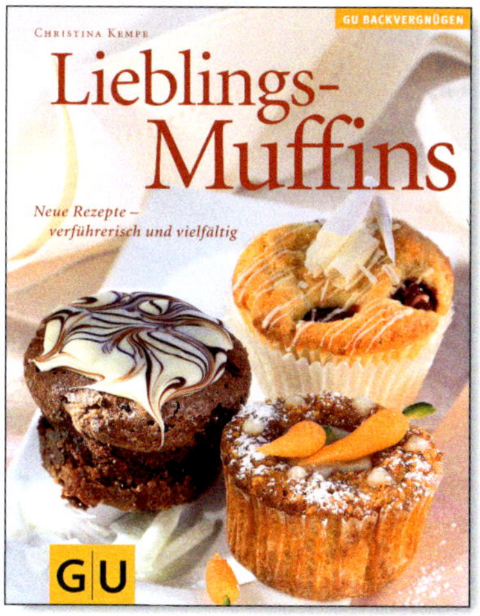

ISBN 3-7742-6496-1

ISBN 3-7742-6073-7

ISBN 3-7742-6074-5

ISBN 3-7742-6495-3

ISBN 3-7742-6497-X

144 Seiten, 14,90 € [D]

Die Reihe für unkomplizierten Backspaß – für alle, die sich und ihre Gäste gerne mit immer neuen Ideen aus der Backstube verwöhnen.

GU

Gutgemacht. Gutgelaunt.

Impressum

Programmleitung: Doris Birk
Leitende Redakteurin: Birgit Rademacker
Redaktion: Anne Taeschner
Lektorat: Gabriele Krieg, München
Korrektorat: Mischa Gallé
Umschlaggestaltung: Independent Medien Design
Fotografie: Studio L'EVEQUE, München
Produktion: Susanne Mühldorfer
Satz: Johannes Kojer, München
Reproduktion: Fotolito Longo, München
Druck: Appl, Wemding
Bindung: Conzella, Pfarrkirchen

ISBN 3-7742-6495-3

Auflage	4.	3.	2.	1.
Jahr	2007	06	05	04

Kristiane Müller-Urban
Die erfolgreiche Kochbuchautorin verwöhnt ihre Familie gerne mit Selbstgebackenem. Brote und Brötchen gehören zu ihren Spezialitäten, ihre Ideen für neue Rezepte sind schier unerschöpflich. Gerne gibt sie ihre Erfahrungen und das umfangreiche Knowhow rund ums Kochen, Backen und Genießen weiter: Zum Beispiel in ihren Kochkursen für Erwachsene und Kinder. Und sie hat inzwischen bei renommierten Verlagen mehr als 100 Kochbücher veröffentlicht.

Studio L'EVEQUE
Food Fotografie
Harry Bischof und Tanja Major (Food & Styling) arbeiten schon lange intensiv für Werbung, Bücher und Zeitschriften im Foodbereich. Es assistieren Krisztina Babics und Hannelore Bellini. In der Innenstadt Münchens kreiert das 4-köpfige Team Foodaufnahmen mit erfrischendem Licht und appetitanregendem, trendigem Styling.

Danke!
Ein herzliches Dankeschön für die freundliche Unterstützung an Kaiser-Backform, die die Backformen und Brotbackformen für die Fotoproduktion zur Verfügung gestellt haben.

Das Original mit Garantie

Ihre Meinung ist uns wichtig. Deshalb möchten wir Ihre Kritik, gerne aber auch Ihr Lob erfahren. Um als führender Ratgeberverlag für Sie noch besser zu werden. Darum: Schreiben Sie uns!
leserservice@graefe-und-unzer.de
Wir freuen uns auf Ihre Post und wünschen Ihnen viel Spaß mit Ihrem GU-Ratgeber.

Unsere Garantie: Sollte ein GU-Ratgeber einmal einen Fehler enthalten, schicken Sie uns das Buch mit einem kleinen Hinweis und der Quittung innerhalb von sechs Monaten nach dem Kauf zurück. Wir tauschen Ihnen den GU-Ratgeber gegen einen anderen zum gleichen oder ähnlichen Thema um.

Ihr GRÄFE UND UNZER VERLAG
Redaktion Kochen & Verwöhnen
Postfach 86 03 25
81630 München
Fax: 0 89/4 19 81 - 113
leserservice@graefe-und-unzer.de

GRÄFE UND UNZER
Ein Unternehmen der
GANSKE VERLAGSGRUPPE